华夏文库·民俗书系

巴风渝韵

磁器口古镇民俗

刘亮　著

大地传媒　中州古籍出版社

《华夏文库》发凡

毫无疑问，每一个时代都有属于自己时代的精神追求、文化叩问与出版理想。我们不禁要问，在 21 世纪初叶，在全球文明交融的今天，在信息文明的发轫初期，作为一个中国出版人，我们正在或者将要追求什么？我们能够成就或奉献什么？我们以何种方式参与全球化时代的文化传播进程？在一连串的追问下，于是，有了这套《华夏文库》的出版。

自信才能交融。世界各大文明在坚守自身文化个性的同时，不约而同地加快了探视其他文化精神内涵的步伐，世界不同文明正在朝着了解、交流、碰撞、借鉴与融合的方向前进。在此背景下，建立自身的文化自信，正是与世界各文明民族进行文化交流的基本要求。五千年中华文明与文化正在不断地被其他文明所发现、所挖掘、所认知，汉语言正在生长为世界语言，儒文化正在世界各地生根发芽。

借助这样一种正在成长着的文化自信、自觉、开放、亲和之力，用我们这个时代的学术眼光全面系统梳理中华五千年的文明与文化，向其他各大文明与文化圈正面展示自我，让中华优秀文化成为世界文化的重要组成部分，正是我们出版这套文库的目的之一。此其一。

知己才能知彼。身处五千年文化浸润的今天，重新思考我们先人的人生思考、价值思考与哲学思考，找到一个民族、一个国家的价值所在、立命所在、安身所在，这已经是我们这个时代的学人与出版人不得不再思考的问题。作为中华文明的一分子，我们在思考的同时，还必须了解我们的先人创造了如何优秀的精神文明与物质文明以及社会文明。只有熟知自己的文化，热爱自己的文化，悟明自己的文化，我们才能宣说自己、弘扬自己、光大自己。因此，我们策划组织这套《华夏文库》的初衷，还在于让当下的知识青年全面系统瞭望中华文明与文化的全景，并借此能够对更为深广的世界各民族文化提供一个比较认知的基础。此其二。

顺势才能有为。我们正处在农耕文明、工业文明、信息文明的交汇处，信息文明带领我们从读纸时代进入读屏时代，以智能手机屏幕为代表的书籍呈现方式正在与纸质书籍争夺阅读时间与空间。我们正在领悟数字技术，正在以信息文明的视角，去整理、分析和研究农耕文明与工业文明的文化遗产，不仅仅是为了唤醒优秀的传统文化，我们还在生发和原创着当今时代的文化。由此，我们试图架起一座桥梁——由纸质呈现而数字呈现，由数字呈现而纸质呈现，以多媒介的书籍呈现方式，将文字、图像、声音与视频四者结合，共同筑成《华夏文库》以奉献给信息文明时代的新读者。此其三。

总之，这是一套——专家大家名家写小书；以最小的阅读单元，原创撰写中华精神文化、物质文化与社会文明系列主题与专题；以图文、音视频多媒介呈现的方式，全面介绍与传播中华文明与优秀文化，系统普及与推介中华文明与文化知识；主旨是为了让世界与中国共同了解中国的——大型丛书，借此，复兴文化，唤起精神，融入世界。

耿相新
2013 年 6 月 27 日

《华夏文库·民俗书系》序

《民俗书系》是中原出版传媒集团一项浩大工程《华夏文库》的一个重要组成部分,分为十个系列:生产贸易民俗系列,衣食住行民俗系列,社会家庭民俗系列,人生仪礼民俗系列,生态、科技民俗系列,信仰民俗系列,岁时节令民俗系列,语言文学民俗系列,民间游乐民俗系列和民间艺术系列,涉及民俗文化的所有方面。这是一套具有相当规模的民俗类丛书。第一期约300本,每个省、自治区、直辖市10本左右。以后还有第二期、第三期。从数量上看,这套书在民俗文化呈现的广度方面是前所未有的。

有规模,成体系,才能产生深刻而广泛的社会效应。就民俗文化而言,一两本书,做得再精致,影响也是有限的。只有达到一定规模,才能全面、系统而又细致地展现中国各民族各地区丰富灿烂的民俗文化。中国幅员广阔、民族众多,以往有关民俗文化的呈现多是局部的,有很大的局限性,而《民俗书系》是对中华各民族民俗文化全方位的展示,超越了已出版的任何一套民俗丛书。这有助于对中华各民族民俗文化进行整体观照,多向度地把握、理解和享用中华各民族民俗文化。

十个系列仅仅是给定了民俗文库选题的范围和领域,而每本书的选题要求主要体现在两个方面。一是强调具体和细微。选题越具体越好,越细微越好。以往民俗文化方面的书,选题都比较大,侧重在"面"

上,而《民俗书系》的选题,侧重在"点"上。譬如中国民居方面的选题,以往即为中国民居,如陕北窑洞、蒙古包、客家民居、北京四合院等等,我们这套书要求选题更为具体,诸如门、床、窗、影壁、屋脊、砖雕、上梁仪式、天井等等。选题越具体、越集中,越能书写得深入,越能说得透彻,从不同方面把这一指向范围细微的"事象"的表现形式、过程、内涵阐述清楚。一个选题,仅涉及一个方面的话题或事物,全书就围绕一个具体的民俗"事象"集中笔墨展开阐述。

二是强调地域性。选择具有地方特色的民俗文化。选题不避偏,即便是不为外界所知的民俗文化"事象",也可以作为选题。这样的选题纳入整套书系之中,其所描述的对象就成为整个中华民族民间文化体系中的一部分,具有不可替代的位置。通过这套文库的出版,将这一原本影响不大的民俗文化"事象"推向全国,乃至世界。此处的地域是具体的,不是覆盖整个省,甚至大片地区和流域,而是局限于某一市县、某一城镇、某一村落。写一个具体地方的某一具体的民俗"事象",民俗"事象"所流传的范围是明确的。当然,也有的以一个地方的某一民俗"事象"为书写中心,适当涉及其他地方相同的民俗"事象",包括引用其起源、历史发展脉络和内涵分析等方面的相关资料,采用了以点带面的叙述范式。也有的通过图片的方式,连接其他地方同一民俗文化"事象",做一些适当比较。

在这两点要求的基础上,这套民俗书系的选题是开放性的,面向中华各民族的广袤大地和民俗文化的汪洋大海。

《民俗书系》中的每本书字数在6万~7万,配有多幅图。根据选题本身的特点选择不同的写作角度和呈现方式,甚至有的以图为主,文字只是起到辅助、说明的作用。也有的以一个故事或传说为引导,再进入民俗"事象"本身,展开层层阐述。每本书的结构简洁而又灵活,便于作者把握和读者阅读。在述与论的关系方面,以"述"为主,"述"是全书主要的行文方式和表现主体;以"论"为辅,富有层次地清晰演示特定民俗"事象"的表现形态及其现状和历史,说明其深厚的文化内涵,提供其社会及文化背景。每幅图片都有比较翔实的说明,诸如图片中的人是谁,都在干什么,主要景观和物品的名称、含义,画面属于仪式过程的哪个环节等。图片不是配图,不是为了美观,而是整本书的有机组成部分。

这套《民俗书系》追求一种原生态写作境界。这里的原生态,就是强调民俗表达的原汁原味。所使用的文字素材和图片基本上是作者自己采集到的第一手资料,夯实了全书的所有内容。这套书系的作者绝大多数不是学者或专业研究人员,而是地方文化精英,是地方民间文化传统的积极传承者。作者就是当地人,对这一选题或这一民俗"事象"最为熟悉,而且反复经历和参与过这一民俗活动,最了解这一民俗活动,并具有一定的书面语言表达能力,是最适合写这本书的人。作者对这一选题有比较丰富的资料积累和信息储备,是这一选题的代言人和权威,而书的出版更是对作者权威地位的认定。这套书系的价值主要不是学术上的,不是理论方法方面的,而是发掘地方民俗文化资源,真实、客观地再现了民俗文化,展示了民俗文化本身具有的文化魅力和现实意义。这套书系可称之为原生态民俗书系。

《民俗书系》编纂和出版的动机是宏伟的,具有高远的历史文化志向和神圣的现实责任感。这一浩大工程值得您的期待,更值得您的关注。

万建中

2015年1月20日于京师园

前言

一条石板路，千年磁器口。

巍巍乎苍茫茫，续一段歌乐山龙脉仙气，缔造千顷沃田良土；昂昂兮浩荡荡，接一缕嘉陵水雅涛神韵，养育万代庶民百姓。

重庆城西，沿嘉陵江而上西北15公里，有一古镇名"磁器口"，原在重庆市郊一隅。磁器口最早名叫"白崖场"，始建于宋真宗咸平年间，史载因其依山而建，山上有白色巨石崖壁而得此名。相传明建文帝朱允炆避难为僧，流寓此地隐居，此地因此而获"龙隐"之称，后来"白崖场"被称为"龙隐镇"。古镇往昔有"一川、两谷、三山、四街"之说：

老街景（游江摄）

嘉陵江由北向南倾泻奔腾，江宽岸阔，蔚为壮观；磁器口后靠歌乐山，左为金碧山，右为凤凰山，山野植被丰富，上下重叠，疏密有韵，张弛有度，错落有致；三山遥望，形成两条深谷；歌乐山上有古刹宝轮寺（又名"龙隐寺"），宝轮寺下有金蓉正街及盘曲横街，毗邻有金碧小街和金沙小街。古镇坐北向南，居高放眼，近俯嘉陵江，右看朝天门，左看江北嘴，远观葱翠南岸，视野无限广阔，一派超然之居、悠然之所的宏大景象。

清康熙年间，由于四川人口少，清政府从沿海省份大量移民入川，外来移民迁入巴渝，实行插杖圈地。先到先得地，先到先发展。人口移聚带来了商贸发展，有的人留在磁器口一带，从事生活必需品生产、商品贩卖和其他服务性行业。其中来自福建汀州连城县孝感乡的江氏三兄弟，将祖业烧瓷带入龙隐镇，他们在青草坡建窑造碗，其他镇民也效仿江氏兄弟烧窑，很快龙隐镇成了川东民间用瓷的生产地与出口地，因此得名"瓷器口"，因"瓷"与"磁"相通，遂定名"磁器口"。磁器口依托江流水运推广，瓷器业兴旺发展，曾出现"白天里千人拱手，入夜后万盏明灯"的繁华景象。

抗战时期，重庆成为陪都（战时首都），国民党政府的部分机关单位和银行、学校等迁入磁器口，丁肇中、徐悲鸿、丰子恺、梁漱溟、马寅初、罗家伦等一大批社会名人涌入这个千年古镇，促进了磁器口商业、文化、教育事业的发展，形成了著名的"沙磁文化区"。新中国成立后，脍炙人口的小说《红岩》中有不少情节也以磁器口为背景，以文学传播的形式持续扩大着磁器口的社会影响。

磁器口水陆并进，车击舟连，商贾云集，物积如山。曾几何时，嘉陵江上百舸争流，击水扬帆，一派繁忙景象。得嘉陵江舟楫之便，磁器口逐步扩大并发展的商业活动曾翘首重庆，瓷器业、缫丝业等享

古镇景观（游江摄）

誉巴渝，带来了古镇经济的繁荣发展。磁器口成为重庆经济发展棋局中的一枚重要棋子，浓缩为旧时重庆经济发展的一道剪影，因此，磁器口曾有"小重庆"之誉。20世纪80年代，水运退居二线，铁路、公路等交通运输形式后来居上，磁器口陡显颓势，随之衰落萧条，成了被时代快车抛下的角落，但传统风貌却因此得以完整保存。新世纪以来，磁器口古镇先后被评为国家AAAA级旅游景区和中国历史文化名街区，再度成为重庆市响当当的历史文化名片。

在磁器口古镇历时千年的沧桑变迁中，川剧坐唱、茶馆民乐、莲花落、金钱板、抬花轿、庙会、打火龙、赛龙舟、车幺妹、放河灯、渝绣、蜡染、面塑、糖人、木雕等不胜枚举的民风民俗或兴盛一时，或传承至今。随着时间的流逝，这些民俗艺术中的多数已经远离普通民众的生活，淡出人们的视野，成为亲切而又遥远的文化记忆。本书力图打捞这些民俗艺术项目的只鳞片爪，为保护和传承这份珍贵的文化遗产贡献绵薄之力。

目 录

一 生动鲜活的人文风情

　　1　庙会 …………………………………… 2

　　2　赶场天 ………………………………… 8

　　3　茶馆社交 ……………………………… 13

　　4　发蒙拜师 ……………………………… 21

　　5　水码头的"抬二哥" …………………… 24

　　6　旧时"的士"——滑竿 ………………… 28

　　7　打更 …………………………………… 30

　　8　民间工匠 ……………………………… 34

二 色彩斑斓的生活画卷

　　1　玩龙灯 ………………………………… 47

　　2　龙舟竞渡 ……………………………… 50

3	炒米糖开水	52
4	古镇"美食三宝"	55
5	糖关刀	60
6	磁器口麻花	64
7	放河灯	68

三 渐行渐远的民间艺术

1	川剧座唱	74
2	古镇评书	77
3	车幺妹	81
4	唐老先生和莲花落	85
5	春台戏	89
6	金钱板	91
7	木雕	94
8	面具	99
9	剪纸	102
10	微雕	105
11	绣花鞋垫	107

12	面塑	110
13	渝绣	113

一 生动鲜活的人文风情

1　庙会

磁器口庙会的宗教文化气息甚浓，以往每逢农历初一、十五，以及释迦牟尼出生日、观音菩萨诞辰日、春节、放生日等等，四乡八场的人都来磁器口赶庙会，烧香拜佛，求愿还愿。如今的磁器口庙会一般在每年正月初一到十五举办。庙会不仅是人群集聚之地，也是信息交流中心，更重要的是，庙会已成为固定的贸易集散地，成为普通城乡居民日常生活中不可或缺的组成部分。

磁器口的庙会活动，早期仅是一种隆重的祭祀活动，随着经济的发展和人们交流的需要，庙会在保持祭祀传统的同时，逐渐融入集市交易活动。这时的庙会便得名为"庙市"，成为中国市集的一种重要形式。后来，随着人们需求的变化，又在庙会上增加了娱乐性活动，如舞蹈、戏曲等文艺演出，于是过年逛庙会成了人们不可或缺的年俗内容。

当今的磁器口庙会较好地传承了古庙会的基本样态，提供了展示民间文化的平台。庙会中汇集了传统民俗的各种技艺，促进了城乡商品交易，集合了古镇乃至山城最地道、最有代表性的各种小吃，还有民间最传统的地方手工艺品以及上演各类剧目、曲艺，它们共同构建和展示出"吞古纳今"的民生精华,使当今的磁器口庙会仍然颇具魅力。

磁器口的宗教活动以前主要集中在宝轮寺、金碧寺、凤凰寺、文昌宫等地。其中以宝轮寺为主,三天一小会,五天一大会。每逢初一、十五,更是热闹非凡。寺庙里,善男信女,八方香客,络绎不绝。信众云集于此,进香祈福,虔诚膜拜,香火十分兴旺。宝轮寺位于高坎上,俯视嘉陵江,直眺南岸群山。寺内环境清幽,古木参天,气势磅礴,颇具神韵。殿堂中的菩萨佛像,或神态威严,或从容若定;神佛鬼怪,姿态万千,塑出情节,栩栩如生。宋元交替之时,宝轮寺躲过了几十年的兵火战乱。元朝统治者崇信喇嘛教,但未封禁汉地佛教。明朱元璋的大军兵不血刃进重庆,对佛教优礼有加,佛教得以兴盛发展,宝轮寺成了川东著名寺院。康熙年间,经济大发展,鼎盛时期,宝轮寺规模宏大,从马鞍山上殿宇层叠,直抵陈家桥庙宇相连,号称"九宫十八庙"。这些历史文化遗存,为磁器口庙会的长盛不衰奠定了坚实基础。

磁器口庙会的主体活动大致有三项:一是和尚、道士做"法事""道场",即举行祭祀仪式;二是善男信女们进香朝拜、许愿求福;三是借此机会进行的文艺和商贸活动。四面八方赶来的信徒和逛庙会看热闹的人们成为庙会中人山人海热闹场面的组成部分。赶庙会的大多是成群结队的亲朋好友、左邻右舍的人,乡下的农民也大多放下手中的农活去赶庙会。四乡八镇聚集而来的人,要吃、要住、要买东西、要看热闹,这就为庙会提供了巨大的商机。

旧时古镇的庙会上热闹非凡,经营各种饮食小吃的、卖鞋帽布匹的、抽签算卦的、卖散丸膏丹、卖日用杂货的、耍把式卖艺的、唱大鼓拉洋片的、卖民间工艺品的等等,各类生意人、江湖艺人、手艺人都从四面八方赶来,使庙会成为磁器口民间经济文化活动的大舞台。古镇每逢过年的时候,庙会往往提前一天或两天就开始布置。戏班子早早就来搭台,连演几天酬神大戏;生意人在庙院周围支起帐篷、挂出招幌,准备连发几天好财;地方的官府自然也要派人维持治安、收地皮税。如此一来,无论是官是民、买的卖的、虔诚的悠闲的,都能自得其乐,满意而归。每过十年为大年,庙会上演戏的会连演三天四夜,十几个演戏班子同时演戏,这叫斗台戏,各班子拿出最好的"行头""剧本",各自都想展示出最好的演出效果,力拔头筹,期待名声大振。一队队踩高跷的,在腰鼓、小锣、唢呐等乐器伴奏中穿街而过。表演踩高跷的人数不定,一般有十几人。身量高的踩低跷,身量矮的踩高跷。表演者是传统戏装打扮,由开路棍打头儿,随之便出现白蛇、唐僧、丑婆、姜子牙等民间艺术形

庙会1(游江摄)

象。高跷表演由于诙谐有趣，一向为人们所喜爱。沿途的大商号在门前设八仙桌，摆上茶水点心，放鞭炮，道辛苦，以表慰劳。高跷队会在此稍作逗留，或表演答谢。高跷队伍在街头行进时，一般采用一字长蛇阵的单列，在繁华拥挤地段采用双人并列队形。步子变换为走八字。在表演时有小旋风、花膀子、鹞子翻身、大劈叉等难、险动作。舞蹈者脚上绑着长木跷进行表演，扮演的人身着戏装，浓妆艳抹，且歌且舞。踩高跷的角色，因为各自身份不同，所以造型各异。

磁器口古镇因坐落于嘉陵江畔，前来赶庙会的人还多会在江边放生，即赎买被捕的鱼、虾、龟等，放游于嘉陵江水之中，以此善举求得平安幸福。

此外，旧时古镇庙会流行"打金钱眼"。找一座桥下无水的石桥，石桥只开中间一个桥洞，洞的两侧各设一个方桌，桌上各有两位道士盘腿打坐——所坐的桥洞上端，东西各高悬一枚直径约为两尺、厚为三寸余的硬纸做成大铜钱，上面糊以金纸做成大金钱。金钱的中孔内系一小铜铃。在东西两侧桥畔，设有许多以现钞兑换已不流通的制钱的摊子，以一角钱兑换十个制钱，游客们即可在两侧桥面上瞄准相距五米开外的金钱孔上的小铜铃投掷。谁能打得准，把铜铃打中打响，这一年他就会顺顺当当，事事如意。这就是著名的"打金钱眼"。因距离较远，铜铃又小，能打中者，纯系偶然。不过总有人要试试运气，花多少钱去兑换制钱也在所不惜。

现在的磁器口庙会，就像狂欢节，充满欢乐与智慧。扔沙包、推铁环、抖空竹、玩风车、丢钱眼、套圈、拉地龙等多种多样的杂技杂耍，表现出中华民族民间传统文化娱乐的情趣与追求。它并非只是"玩耍"，内中所包含的审美创造力，独具民族艺术特点与智慧。

庙会是对民俗文化的一种保护与延续。文艺表演是庙会不可缺少的民俗项目。许多民间文艺中有优良传统的剧目,都在庙会期间展演。如果说某地的传统戏剧因社会发展难以为继的话,只要有庙会,它就能找到生存繁衍的民间沃土,拥有最广泛的民间文艺欣赏者,获得本真的演艺效果。无论是民间饮食文化,还是传统戏曲和民间工艺品制作,都因庙会而汇聚。如今的庙会,无疑是传统与现代、机器与手工、物质与精神的交汇、聚合和展示,是对非物质文化遗产的一种活化保护和适时发展。

庙会是人们对善的追求与传播的平台。庙会具有祈求五谷丰登、风调雨顺、百姓安康的美好寓意。赶庙会的人中,大都有拜神求福、去祸免灾的明确目的,而且依各庙供奉神灵的不同而有所区别。庙会中,城乡信众与游客汇集,无论祭祀的还是游艺的,人们心无戒备,相拥成伴,心中充溢着和谐、平等、向善的意愿。有钱的出钱,有力

庙会2(游江摄)

的出力，献爱心成为庙会中最美善的举动。中华民族推崇的"人人平等"的理念和"资助弱者，人心向善"的道德情怀在此得到最集中的体现。就连向香客乞讨的乞丐也在这里得到心理的平衡：他们不仅能讨得充满善心的香客的同情，还能像所有香客一样得到免费的"义饭"。

总之，磁器口庙会文化内容丰富，涵盖传统民俗的各个方面：庙会中的神灵崇拜和祭祀、占卜、禁忌、巫术，属于民俗信仰；庙会中的饮食、商贸、旅居，属于民俗经济；庙会中的曲艺、讲唱、传说故事，属于民俗文艺。它既是宗教的，又是世俗的，反映了广大农民群众长期积淀形成的宗教信仰、价值观念和行为方式，是沉积厚重的非物质文化遗产。20世纪末期以来，中国社会的飞速发展，民众思想认识水平的提高，经济物质生活的富足，使庙会的文化内涵发生了很大的变化。现代庙会虽然还保持着传统庙会的基本形式，但是其宗教信仰的职能已经发生很大的变化，宗教活动少了，更多的是进行民俗文化展演、商品贸易和各种娱乐活动。庙会的文化意蕴依然十分丰厚而且具有现实意义。

2 赶场天

磁器口早期为每隔两天逢集,后来天天逢集,成为每天赶集的"百日场"。旧时集市繁忙喧嚣,热闹非凡,商贩沿街叫卖,贩卖的东西有草帽、草鞋、草脚卯、麻窝子、翁鞋、灯草、豌豆糕、扇子糖、楠

赶场天(图由磁器口古镇管委会提供)

竹挖耳……

古镇周围的几条青石板路上,前来赶场的人络绎不绝,街上人头攒动,十分拥挤。汗流浃背的挑担者、背篓者,穿梭在人群中,脖子抻得很长,青筋冒得粗高,不停地高喊着:"柳、柳、柳,扁担戳背,箩兜挂衣裳!"

集市上也有民间曲艺的身影,诸如评书、扬琴、鼓书、花鼓、盘子、琵琶、竹琴、箫笛吹奏、二胡拉唱等,内容广泛,情趣横生。耍把戏、玩杂技、相面算命,间或还有唱猴戏的,还有一些舞刀弄棍的表演,甚至有西洋镜,以及推牌九、押红黑宝、掷单双娱乐的。

冬天,焦炭炉上的长嘴吹壶冒着雾气,哧哧呜呜作响,主人守着暖暖的炉子,倚靠在蜡黄油光的竹椅上,双眼半睁半闭地抽着水烟。酷夏,大汗淋漓的赤臂跑堂倌拉开嗓子吼:"来咯,小面一碗!"

古镇赶集时的饮食以下河帮菜为基础,综合发展,形成制式,别

磁器口民乐表演(游江摄)

具一格。总体上讲，重内容而轻形式，重口味而悖程序，自成风格。风靡全球的热辣火锅，起源于水运码头，发展于古镇，它继承和发扬了巴渝饮食文化的独特风味传统，包容了巴渝"吃文化"的特质。

缺衣少食的年代，羹羹稀饭都喝不饱：

苞谷羹羹锅巴香，红苕棒槌半年粮。

马料籽籽下麦粥，萝卜杆杆加泡姜。

贫苦百姓最崇拜、最向往的就是那特别稀罕的"帽儿头"。之所以叫作"帽儿头"，是因其特殊的盛饭形式，即貌似头戴帽儿：将一只中碗盛满米饭，用另一只小一点的碗同样盛满米饭后用力倒扣在中碗的饭面上，形成一碗高耸碰鼻的压紧米饭，令人垂涎三尺。

烧白肥厚嫩腻，整齐地排铺着，精心腌制的水咸菜打底，过滤、吸收多余油脂。蒸制好的烧白，散发出缕缕香气，让人馋得口水直流。旧时下力人（靠力气做活的人）看得到却很难吃得到，十天半月才吃一次，那叫"打牙祭"。

豆花嫩白绵滑，溢出卤水清香，在盛有辣椒、小葱、花椒油、盐、酱、醋拌匀的油碟里裹来裹去，有滋有味，细腻爽口。大骨汤始终在锅里烧着，沸腾翻滚，冒着白泡，溢出肉香。柴灶里炉火熊熊，劈柴燃烧发出噼噼啪啪的响声，炽烈火焰烘烤锅底，火苗蹿出熏黑了灶门。灶上竹篾大蒸笼热气腾腾，蒸笼里排满了烧白、粉蒸肉、包子……旁边的竹篾小蒸笼里，是粉蒸羊肉，当地人习惯地叫它"羊肉笼笼"。简陋快餐设在露天场地，多为稀饭、小面、包子、馒头、凉粉之类，也有不固定场地的游动摊点。

以杂碎蔬菜为主料的汤锅，那是火锅的"近亲"，或者说是火锅的分支，抑或是火锅的同类。桌子板凳摆在屋檐下或者院坝头，用餐时分，热气腾腾，一派生龙活虎的蓬勃气势。赶场人饿了、累了，此处既能用餐，又可小憩，边吃边喝，说笑玩乐，开点雅俗混杂的玩笑，活跃气氛，驱散疲劳，精神头又有了，你一言我一语，好不热闹。

档次高一些的饭店在规模、设施、卫生条件、饭菜品质、厨师技术、服务质量等方面，都要讲究一些。品牌质量是在饭菜花样、品味口感上得以体现的。

除了几个穿梭席间服务的跑堂倌之外，还有一个守在门口的喊堂倌，他嗓门高，音调好，负责叫客算账。跑堂倌和喊堂倌都是口齿伶俐、灵活机敏的中青年男性。喊堂倌灵活风趣，自有招呼应酬的过人之处：招人纳客反应灵敏，点盘算账堪称一绝。客人进店落座，喊堂倌立即跟上前去沟通，笑容可掬地报菜名，询问要求。客人点菜之后，立即高声将席次的饭菜数量，盛盘规格，酒品，饭菜嫩、快、少红（不太辣）等要求一起传唱给后堂的厨师。喊堂倌传唱出的音色很美，声调唱、白夹杂，唱词清脆，响彻大堂内外，自成一道风景。这时，跑堂倌上来用干净桌布将桌子再抹一遍，微笑着把酒杯、碗、筷摆在客人面前，只待上菜。用餐后，喊堂倌看账时只需轻扫一眼，就能将桌上的杯盏碗盘悉数点清，合计金额后，高声传唱给前台老板。老板一直守在门口置有一张桌的前堂柜台内，依据喊堂倌传唱来的席次金额，到该桌收取钱款，或者，客人到此与老板结账。客人出店时，喊堂倌跟随其后，笑呵呵地关照客人慢走，嘱咐下次再来。常客熟人，相互之间还会开几句没有尊卑而又不伤大雅的玩笑，既轻松愉快，又爽朗融洽，释放着情绪，一路走去……

生活在社会底层的平民，到镇上赶集或者路过古镇，熟人见面，也会凑钱喝个酒。他们不要求酒的品牌，不讲究菜的味道，只图尝到酒味，过把酒瘾，不张扬，不喝醉。酒钱普遍采取"斗罐"形式凑足，俗称"打平伙"，大家喝酒大家凑钱，就是现在的"AA制"。有两人斗罐的,也有三五人在一起斗罐的。最便宜的散酒盛在一只中号土碗里,你一口我一口地传递着喝,这叫"喝转转会"。"喝转转会"的众人,一人一个长方形的斗隼小板凳围着小方桌坐拢,不用下酒菜,叫作"喝寡酒"。静静地坐在那里守着一碗酒,神态自若,随和融洽,转着圈依次喝,一碗酒二两或者三两,不够再添。有时也会用上一个下酒菜,但特别简单,而且量特别少。一个小碟子里盛的是炒货:瓜子、花生、胡豆、豌豆……取其一种,没有热菜,所以叫作"喝冷酒"。

喝寡酒也罢,喝冷酒也罢,他们悠闲自在,谈吐投机,不劝酒,不飙劲,其乐融融。桌上只要有酒,话也便多了起来,几碗下肚,脸色愈加红润了。一场投缘的交谈,就是一杯味道香醇的美酒;一段生活中的鲜活故事,便是一道丰盛的饕餮大餐。豆豆果果可下酒,闲闻趣事也可下酒。边喝边聊,漫无主题地东拉西扯,扯到哪算哪。席间,有说不完的话,叙不完的旧,道不尽的情,冲不完的壳子(搞笑有趣的闲谈),吹不完的牛。酒虽不精,菜也不丰盛,倒也快活。

农民背着山货,挑着自己种植的蔬菜瓜果到镇上来卖,自带粑粑饼饼,作为午餐:

路带干粮饭巴砣,清明菜粑高粱粑。

歇气搁担捧着啃,桐子叶粑玉米粑。

农贸市场里,农副产品种类齐全,粮油肉蛋自产自销,瓜果蔬菜四季应时,自然成熟,水嫩新鲜,应有尽有,着实喜人。

当街的屋檐下,站着或坐着小本生意人:掏耳取痣、火柴灯草、叫卖瓜子等。流动小贩边走边喊:炒米糖开水、醪糟汤圆、担担面、烧饼、油炸果子、米花糖……千百年来,古镇民俗文化就是在这里诞生并发展、繁荣。

3 茶馆社交

磁器口古镇曾是重庆西郊重要的商贸集散地带。兴盛时，门面网点多达300余家。20世纪40年代，当时重庆的《中央日报》《商务日报》《国民公报》《新华日报》等开辟《磁镇消息》专栏。其中有一篇散文，形象地描述了当时一家茶馆的情形：

茶馆1（游江摄）

茶馆招牌（游江摄）

两间中古的棚房，倚着半山，十八根长短不齐的木柱，疲倦地撑着木桌、长凳和茶客。身着各种服装，茶客们操着不同的口音聊天，各种运材、米价、烟价、国事，吞吐在茶客的口腔。深叹，一副生活的担子；欢笑，投资得意的花朵。开放的唇间，呷茶、吸烟、不同的声响，混合成一样的长波……

茶馆、饭庄、商铺店面的大门，采用组合式的双合门，根据门面的大小，有两组双合门的，有三组双合门的，有四组双合门的。门面全敞开，既敞亮，又方便客人进出。早晨，店员将几扇两米以上高度的木门一扇一扇地拆下来，搁置在大堂后的空处，敞开大门迎宾客；晚上，又将木门一扇一扇地扛出来，依照原样装好，必要时，里边用一根长长的杉木横在木门的中央，压住所有的木门，起到安全加固作用。无电时代，夜间营业的照明用具，依据店铺大小、经营档次、雅俗层次，有油灯、蜡烛、灯笼之别。油灯用料，开始是桐油，后来是菜油，再后来是煤油。茶馆规模有单间、两开间、三开间的，普遍置十几、二十几张茶桌，一人一碗茶，逢赶场天座无虚席，热闹非凡。茶客多为中老年人，且为嗜烟者。

茶馆里，除了抹屋扫地、烧水奉茶者外，还有侍奉高贵茶客的专门佣人：打扇者、水烟客。打扇分为两种形式：一是一对一为某位茶客的打扇服务；二是拉大排扇，即在茶房单间里或茶馆厅堂里固定的位置上，以竹席、布料扎成一个能够产生足够风量的排扇，两三个人一起拉动，排扇在不断起落晃荡的过程中，生成凉风给炎夏茶客送凉降温。

水烟客则是侍奉抽水烟茶客的服务者，他们随叫随到，主动为众烟客装水烟。长长的大烟杆足有一米长，讲究气派和追求时尚的，还备有一节或两节烟管，插接起来，把烟杆延长一到两倍，不用起站也能将正抽着的烟斗传递给离己较远的邻桌的熟人抽，表达亲近，以示友好。

若漫步在古镇的老街深巷，人们会被一座座古香古色的酒楼、书场、茶馆，以及满街的川味小吃，卖小玩意儿的地摊所吸引而陶醉其中。磁器口一条老街上有数十家茶馆，茶馆要靠评书招徕茶客，评书需要茶馆提供表演场地，品茶与评书好比水乳交融的一对孪生姐妹。在茶馆里总能听到评书人绘声绘色的表演，茶客就是评书的观众。

磁器口的茶馆书场文化源远流长，其源于何时已无法考证。到了20世纪的三四十年代，茶馆书场发展到鼎盛时期，磁器口古镇的茶馆星罗棋布，说书声贯耳，大大小小的茶馆里一进门便摆着一排排的竹躺椅和茶几，茶客们在此品茶听书，或躺着闭目养神，或大摆龙门阵，抽大竹筒烟。

茶馆里都挂着一块水牌，上面写着茶叶名称和价格，最后一行是"玻璃"，价格最便宜，外地人不知"玻璃"为何物，揭开碗盖一看，竟是一杯白开水。

以前，磁器口的茶馆分为两类：一类是大码头的简易茶馆，俗称"拉棚子"；另一类是街面上的正式茶馆。在茶馆里的说书人也分成了两类：一类是初学说书者，只能在大码头简易茶馆里说，若说得精熟入道，有了名气，便可以到正式茶馆里说。而能在正式茶馆里说书者都是有一定名气的,字正腔圆,吐字清晰,动作传神,技艺娴熟。在正式茶馆里说书收入可观,收费的方式有两种:一种是说书人与茶馆老板敲定,每碗茶各收几成,一般是五五分成;另一种是当说书人说到精彩之处,把惊堂木一拍:"突然来了一人,到底是何人,且听下回分解。"然后两眼四周一扫道:"哪位大哥帮帮忙?"于是便有一位局外人站出来,挨个向茶客们收钱,这钱就是说书人的"书资"。

艺人们在茶馆里的表演除了说书,还有竹琴、扬琴、荷叶、铁板、川剧、清音等民间艺术,其中最有板有眼的要数竹琴。敲打竹琴的艺人腕托竹琴,左手执竹片,右手击膜,边敲竹琴边打竹片边唱,竹琴发出的清脆深沉的乐声非常吸引人。竹琴的唱词大多由著名的章回小说改编,磁器口茶客们最喜欢听的是由《水浒传》《封神榜》《三国演义》改编的唱段。据传在民国末期,竹琴敲得最好的艺人,不仅敲得有节奏,而且能够模拟各种声音。

茶馆2(游江摄)

茶馆民乐表演（游江摄）

茶馆里茶客喝的多是劲大味酽的沱茶，有"下关沱茶"，也有"永昌祥""茂恒"等牌子，还有少数人喝菊花茶和茉莉花茶。茶客们一般不挑剔茶叶，只要评书和表演精彩，浓茶也罢，"过路黄"（一种廉价的茶沫子）也罢，全不在乎。茶馆里的说书人、演艺人、惊堂木、盖碗茶、香烟、瓜子、椒盐花生和茶客们那一张张凝神的脸，是磁器口茶馆文化永远抹不掉的记忆。

古镇既有城市商贸的喧嚣热闹，充满盎然生机，又聚集周围农村到镇里办事的熙熙攘攘的人群，演绎出了城乡交流的精彩生活。

清朝末期出生而有文化的男性，新中国成立初期仍然保留着清人的装束。老者形象有"四长"：长衫、长辫子、长胡子、长烟袋。

用烟锅抽烟叶，这是不用花钱就能自食其力的享受。烟叶是自己栽种的，有人叫它毛烟，即未经任何加工，晒干后直接吸用的一种烟；

多数人叫它叶子烟，即未加工的毛烟叶子晒干之后裹卷起来直接吸用，保持有烟叶子的形态和品性的一种烟。

水烟就不一样，加工成细柔的烟丝之后，吸用时必须用盛有水的特制烟筒，而且，一手把持烟筒，一手对着烟筒中间的烟嘴点火，咕噜噜地吸上两口，一袋烟丝就烧完，再装一袋，重新点燃。

劳者满腹怨苦，一茶掩千愁。江边，盖满竹木捆绑的棚屋，断续连缀，形成了长长的河街，住着补船工人和各色下力人，夜里他们要到茶馆喝茶。茶馆夜堂，有时会有评书、说唱等曲艺。用陶瓷烧制的亮油壶、白铁皮敲成的煤油灯照明。大场面的活动，选用油蜡烛、藤条（废纤藤）、油疙疤松枝、油纸灯笼、油汽灯照明。

茶品分类应需。"玻璃"（白开水）多供路人解渴，最便宜。大瓦壶中的老荫茶价格低廉，实惠，一喊即倒，奉之于饮者，不设座位。落座茶客，多饮沱茶。档次高点的，设雅座，选择香波（花茶）、菊花等。也有凑热闹的，附近几个农院的人聚拢在一起，高声夸气地讲话，急躬躬的，阵仗很大。起劲时，声音震天，热闹极了。

壶里乾坤大，茶味日月长。人生劳累，茶韵之用，酿和乐。

茶社天地中，人们安然自在，享受着劳累之后的那一份休闲，那一份愉悦，那一份茶味甘香的清爽。旧时茶馆，是各阶层人士休闲会友、举办社交活动的重要场所，除了以上所述，这里还有偏耳、袍哥活动。

偏耳，又叫"偏偏""串串""穿穿""编编匠"，后来称"经纪人"，现在叫"中介"。其作用是传递信息，牵线搭桥，活动在买卖之间。偏耳看货洽谈，掌握着卖主的一些信息资源和卖出底价，与买主的交流方式很独特：衣着长衫讨价还价，并且一概不从嘴中说出。偏耳用一只手抓住买方的一只手，掩盖在自己的长衫前襟下，以通用的指法代表数字沟通，调议价格。脸上泛溢出差距悬殊与接近的各种表情，表达撮合的劝意。必要时，偏着头贴近对方耳语几声，成交之后，从卖家那里抽取利润，获得劳务费。活动在猪市、牛市的偏耳分别叫作"猪偏耳""牛偏耳"，他们不断在市场上走动，通观当日行情，寻找买主搭茬，指点那猪那牛的优等长处；论起价格，则拉着买方站在市场旁角之处，两只手在长衫里来回比画，撮合交易。价钱拉不拢，偏耳又以此法与卖方拉手定价，来来回回，努力达到成交目的。

茶馆社交（游江摄）

"袍哥"是旧时四川、云南一带盛行的民间帮会组织成员。而茶馆又是袍哥活动的重要场地。沙坪坝地区袍哥势力很大，到处都是袍哥堂口，而磁器口的堂口最大，分设"仁""义""礼""智"四处分堂口。袍哥上层在"仁""义"两字堂口，"仁"字重权，"义"字重武；"礼"字多受帮忙打群架；"智"则为地位低下的社会下层劳动者。磁器口仁堂口（后更名为"育灵社"）、义堂口（后更名为"光华社"）、礼堂口（后更名为"礼字社"）、智堂口（后更名为"智新社"）人数众多，单是仁堂口就有袍哥上万人。

袍哥成员多是有钱有势之人，也有社会地位低下的，以及小偷、地痞流氓之类，参差不齐，鱼龙混杂。袍哥相见，行手势礼节：双手握拳，手腕中部交叉，目视对方。袍哥首领称"大爷"，统领堂口大权，制定严格的堂规，附设"钱粮""掌事"等职。各堂口每年有例会，仁堂口的例会有单刀会、中月会等。例会当日大设筵席，非常隆重。例会召集属下全部成员，当众处理重大事务，解决重大纠纷。细小矛盾纠纷则单独处理，在茶馆里解决。袍哥除了参加一年一两次大型例会之外，平时多在较大的茶馆里开展活动，形成规矩，也显气派。一般纠纷，普通矛盾无法自解的，则请一位德高望重、双方认同的袍哥大爷到茶馆断理，是非曲直，公正评判，说得脱走得脱，理亏一方付茶钱。当然，袍哥大爷水平千差万别，与当事人关系亲疏远近各不相同，随意性很大，断出结果也绝非合情合理，甚至把有理说成无理。旧时的袍哥大爷队伍，鱼龙混杂，良莠不齐。

今天的磁器口，每逢节假日或双休日，一条狭窄的石板路老街上，人头攒动，摩肩接踵，既有纷至沓来的中外自助游客，也有手举小旗的导游带领的旅游团队，他们背着摄像机、照相机来此领略中国西部民俗风情。台湾来的老人们许多是抗战时期在重庆生活过的，他们是来此寻古怀旧的。而大批以家庭为单位的游人却是重庆的市民，他们是来此休闲娱乐的。在磁器口老码头下的嘉陵江江滩坡堤上，已形成了一个天然的露天大茶馆，五色缤纷的钢塑结构的圈椅和茶桌、遮阳篷密匝匝地摆满了江滩。从事江滩茶摊业的老板们兜售各种小吃和土特产，还有擦皮鞋的、摄影的、画像剪影的各色人等，使得偌大一个江滩上人声鼎沸，成了现在磁器口一道亮丽的风景线。

4　发蒙拜师

中国是一个非常重视教育的国度，中华民族向来就有"耕读传家"的传统，"万般皆下品，唯有读书高""书中自有黄金屋，书中自有颜如玉"，通过读书科举这条途径，改变个人前途命运的观念已经深入人心。所以，在中国古代，上至达官贵族，下至庶民百姓，都把孩子的教育看作家中大事认真对待。当孩子进入学习的适龄阶段，家中或延请名师，或送入义学，都希望自家小孩能够金榜题名，出人头地，光宗耀祖。蒙学在这样的文化土壤中应运而生，并得到迅速的发展和普及，是影响中华民族数千年的重要文化启蒙。

蒙学即发蒙之学、启蒙之学，是对我国传统的幼儿启蒙教育的一个统称，蒙学与小学、大学并列，是我国传统教育中的一个重要阶段。发蒙也就是打开人心中的蒙昧，进行思想启迪。蒙学教育通常采用个别教育的手段施教，注重背诵与练习，基本目标是培养儿童认字和书写的能力，使其养成良好的日常生活习惯，能够具备基本的道德伦理规范，并且掌握一些基本文化常识及日常生活道理。在古代，儿童"开蒙"接受教育的年龄一般在四岁左右，蒙学阶段主要使用的教材就是所谓的"三百千千弟子规"（《三字经》《百家姓》《千字文》《千家诗》《弟子规》)等。同时,在蒙学阶段也会让儿童接触"四书"(《大学》《中庸》《论语》《孟子》)等经典书目,为日后的进一步学习打下坚实基础。

旧时磁器口古镇的传统办学方式,有私塾和义学两种。私塾一般设在大户人家,或由业师自己设馆授徒。教授内容从初级蒙学到八股应试文章。义学则设在宝轮寺侧厅,主要开展蒙学教育,对象多为贫寒子弟。无论初级蒙学还是科举应试教育均以四书五经为基本教材。因为蒙学教育的老师对于儿童承担着启蒙的责任,习惯上被称为蒙师。拜见蒙师的仪式又称发蒙礼或发蒙拜师会,历来受到重视,一般都较为隆重。先秦时期,初次拜见老师是以干肉作为礼物,并举行相应的拜见礼,以表达对授业恩师的敬意。后来,儿童求学给老师的见面礼虽已不再限于干肉,但拜师的仪式却一直延续下来,根据儿童家庭经济条件的不同,仪式之繁简有所差异。

在旧时磁器口古镇,儿童拜师求学,也都要举行发蒙拜师会。发蒙拜师会选择在良辰吉日举行,大致有以下几项程序:

第一项,端正衣冠。拜师当天,学童要沐浴更衣,穿戴整齐,蒙师亲自为学童整理好衣服,如有多名学童参加拜师会,也可同学间互相整理好衣服,以此增强拜师礼的庄严感和仪式感。

第二项,敬拜恩师。蒙童首先在师长带领下向先师孔子画像行礼,随后在学长带领下向蒙师行拜师礼,拜认自己的首个授业恩师,并为蒙师敬茶,此举是为了在孩子幼小的心灵中播撒下一颗尊师重教的种子。

第三项,点砂启智。点朱砂又称"开天眼",教师手持蘸着朱砂的毛笔,在学生眉心处点上一个像"痣"一样的红点,并亲切寄语。由于"痣"与"智"谐音,所以点朱砂寓意为儿童开启智慧,使其从此目明心亮。

第四项，击鼓明志。古人往往通过击鼓的方式，表达他们要考取功名的愿望。击鼓的声音越响，传得越远，说明志向越远大。开蒙学童依次击鼓三声，依次说出自己的志向，表达为实现志向而努力的决心。

第五项，开笔描红。蒙师手把手地教蒙童执笔描写已印好的"人"字，寓意争做一个顶天立地、堂堂正正的人。写毕，蒙师在写好的字上加圈表示肯定，蒙童再行跪拜礼示谢，并且呈上钱物等拜师的礼物，以表恭敬。

除了以上的程序之外，拜师会当天，还要在家中堂屋里摆列发蒙学童外婆家送的鲜菜、汤圆、猪肝、鲤鱼等十味菜，分盛十碗，叫"十魁"，寓意魁星高照，金榜题名，并请蒙师以往的优秀学生前来与新晋蒙童共食。蒙童还要在家长的带领下，拜见长辈亲友，接受长辈馈赠的"发蒙钱"，外婆家所送的状元片、福寿糕等要分发给同学，所送的纸做的魁星和状元帽则由蒙童留存作纪念。

磁器口发蒙拜师会的习俗反映了磁器口古镇由来已久的对文化教育的重视，对授业解惑恩师的尊敬，体现了此地尊师重教的优良传统。虽然不是每个家庭的拜师仪式都如此，但都有敬茶等基本礼仪。虽然蒙学中有些作为封建伦理道德说教的内容已经不适宜今天的社会发展环境，还有些糟粕性的东西需要我们以批判的眼光看待，但是，蒙学读物通俗易懂、生动鲜活的故事情节，潜移默化、润物无声的教化功能，对当今社会如何加强少儿传统文化教育仍具有借鉴意义和参考价值。

5 水码头的"抬二哥"

历史上,磁器口古镇是嘉陵江下游抵近长江入口处的水运重镇。1925年,姬海清、王汉清等人成立庆磁航业股份有限公司,专营重庆临江门至磁器口的客货运输。活跃在嘉陵江水域的货运民船和客船达到5000艘,是长江上游重庆河段的7倍,给磁器口码头带来勃勃生机,使其商业繁盛,百业兴旺,提升了磁器口的社会知名度和经济地位。

嘉陵江水碧波盈盈,各种轮船、机动船停靠磁器口码头作业,你进我出,一派忙碌景象。川江号子响彻两岸,商船川流不息,休歇于磁器口古镇,哺育了这座古镇,赋予了它别样的繁荣气息。

经济增长,人口迁聚,嘉陵江水运航务越来越兴旺,促进了古镇码头的繁盛。因水运繁忙,中、小型船只很难在嘉陵江进入长江入口

抬二哥(游江摄)

的临江门、千厮门找到泊位，大多驶到磁器口码头停泊。嘉陵江南来北往来此停靠的大批货船，带来大宗大额的频繁交易，磁器口码头的商品集散作用越发明显突出。一个商贾云集的江边码头，使得嘉陵江上紧临重庆的磁器口商埠得以形成并迅速发展。

在汽车还比较稀有的年代，主要的交通运输就是水上运输，常用的交通工具是木船。人们将上游的煤、铁、硫黄、木材、粮、棉、糖、盐、肉蛋、蔬果等，集中在重庆，再转运出川。陆运除了马帮之外，主要靠人力，肩挑、背磨、双肩抬，这些人俗称"脚夫""下力人"，现在叫"力工"。水码头的力工，以肩挑背扛为主，搬运上船下船的货物。搬运工以"抬"为主要形式，无论自称还是旁人称呼他们，都用"抬二哥"，意即抬物者，"二哥"则是巴渝民间对从事体力劳动的男子的统称。

抬二哥活动在码头岸边，只要有需要搬运的货物，随叫随到，当面讲价，完工付钱。货物以煤炭、木材、陶瓷、布匹、纱锭、粮食、肉类、糖酒、烟草、铁矿、硫黄为主，还有零星小商品和行李之类。上游、下游和对岸观音桥驶来的船只，在磁器口古镇码头一靠岸，船主或船老大就站在船头，边拿出跳板边高声呼叫"抬二哥"。抬二哥见到搭了跳板，也会涌向货船，估价而劳。通常情况下，双方都很爽快：老板图的是痛快利索，早装船，早卸船；抬二哥为的是出卖力气，多挣两个萝卜钱，好养家糊口。

抬"连二石"、包装过的捆子时，用棕绳、竹绳或麻绳挂上重物，系绳上端绾出一个活扣，泡桐树杠子穿过活扣，同时上肩，同时迈步，同时起落，同时喊出下力号子（固定一人领喊）。出脚、步调、步速、号子声完全要一致，挪步与重物的晃动同步向前，踏在点上，才有韵，才生动，才省力。普通"连二石"的规格：长90厘米，宽、高均为

30厘米，重100多公斤，两个人抬。超规格的大"连二石"：长180厘米，宽、高均为30厘米，重200多公斤，四个人抬。非规格的"连二石"或大小不等的石砣子，则酌情安排"抬二哥"。

抬二哥抬物有讲究，省力必须具备四大要素：绳索挂住重物的边缘，距离地面要近，步调要一致，不间断地齐喊节奏有力的劳动号子。抬二哥来来往往穿梭在沙滩岸边，伴上下力号子，形成码头上的一道动态风景。

抬二哥的饭菜简单，填饱肚子后，负重前行，赤脚踩踏在青石板路上，爬坡上坎，有了力量，双脚生风。歇气间，席地而坐，凑热闹，几人凑拢在一起，一边擦汗，一边高声大气地讲话，急夠夠的，阵仗大得很。起劲时，声音震天，据理争论，面红耳赤，闹极了，忘记所有，全不知自己是赤膊露背的下力汉子。

抬二哥喊出的下力号子，多是即兴而作，视物而歌，揽进风物人事、世态炎凉，边走边唱，汗水融入歌声，歌声荡漾在江水上。肩上压着重担，脚下习习生风，而且必须要吼。吼号子的作用有三：一是协调统一，步调一致；二是荡胸宣肺，排解压力；三是气顶重担，自扬威风。即便是气喘吁吁，汗流浃背，号子一吼，精神头就来了。

嘉陵江两岸山水锦绣，磁器口石板梯道上的脚步，踩出了和谐动听的旋律。岸边抬二哥的号子，与嘉陵江上的船工号子节奏互通，他们彼此呐喊，气韵互应，水陆齐动，远近一色，相映生辉。脚夫、背夫、挑担者、下力抬工，敞胸露背，赤着双脚，汗如雨下。山路弯弯，江水涟涟；抬夫步咚咚，扁担闪悠悠。

抬二哥除了肩挑背磨以抬为主的搬运形式外，还有扛运，主要扛运木料，搬扛木料的工具是搬杵。搬杵用一根宽8厘米、厚3厘米、与肩等高的硬杂木削成。杂木下端钻一孔，穿入棕绳并且固定，棕绳另一端空着用来拴系被扛之木。搬杵上端10厘米处，突出宽于搬杵的主体，挖出"V"字形豁口，于休歇需要支撑木料时，能够稳稳当当托住圆形木料，不至于左右偏滑。

搬杵的作用有两个：一是搬运途中休歇时，搬杵直立支撑被扛木料，让木料与地面平行。这样，木料、棕绳、搬杵三者形成一个倒立的直角三角形。木料、搬杵成直角，棕绳为斜边，此时木料离肩，全凭搬杵支撑，只需用手扶住搬杵即可休歇。二是右肩扛着木料右手抓住棕绳行进中，可用左手将搬杵放在左肩上，拗起木料尾端，形成双肩用力，比单肩扛木轻松了许多。

茂密的森林竹海里，崎岖蜿蜒的山间小道上，光滑的青石板路上，下力汉子，用扁担挑出个沙坪坝，用搬杵杵出个歌乐山，用杠子抬出个磁器口。汗流浃背的抬二哥，穿梭在人群中，脖子抻得很长，青筋冒得粗高，不停地齐声高喊着："嘿咋！嘿咋！"号子声荡漾在古镇内外，与山歌互答，前后呼唤，此起彼落，静景与动静交融在一起。说着话，唱着歌，抬、挑、扛的下力汉子队伍与翻滚咆哮的嘉陵江水，一同向前！沿路放眼，可领略江湾的曲径，峡口的幽深，爽风的清凉，山脉的神韵，碧流的逶迤，亭阁的古韵……

6 旧时"的士"——滑竿

滑竿，旧时叫"肩舆"，是一种供人乘坐的传统交通工具。用两根结实的长竹竿绑扎成担架，中间架上用竹片编成的躺椅或绑上用绳索结成的坐兜，前垂脚踏板。乘坐时，人坐在椅中或兜中，可半坐半卧，由两位轿夫前后肩抬而行。滑竿轻巧灵活，大道小道皆可行走。磁器口渡口梯高坡陡，因此滑竿颇为盛行，为船渡的乘客们提供了极大方便。

据考证，滑竿由轿子演变而来，轿子是滑竿的前身，滑竿是简易的轿子。轿子起源较早，是受四轮车子的影响，去掉四轮，改装成轿。轿子在城内供短途乘坐，滑竿在城乡之间供长途乘坐，因而制式不同，乘轿只能坐着，乘滑竿却可躺下。因为它是用滑溜溜的竹竿绑扎而成，且轻便快速，所以被称为滑竿。到了交通发达的现代，轿子逐渐被淘汰，滑竿作为一种富有特色且便利的交通工具得以流传至今。滑竿制作简便，用两根三米多长的斑竹竿，两头绑以尺把长的短杠作抬肩，中间用竹片编成软扎，前系脚踏，冷天垫毛毯，热天撑凉篷，软扎上可坐可卧。

在磁器口古镇的许多景点，都有可供游人乘坐的滑竿。乘坐者上坡时头向下，脚朝天；下坡时头顶天，脚朝地；平路上心情才放松下来。走平路时，因竹竿有弹性，上下颤动，给人以充分的享受，还可减轻疲劳。滑竿"嘎吱嘎吱"上下颤动，坐在其上观赏沿途秀美的风光别有一番感觉。

对于磁器口普通民众来说，滑竿只是一种交通工具，但对于文人雅士而言，这却是很好的创作源泉。抗战时期，丰子恺、徐悲鸿等一大批文化界名人移居重庆，与滑竿这种极具山城特色，同时在战时扮演着重要角色的民间交通工具结下了不解之缘，创作出了富有山城劳动人民特色和抗战特色的极佳艺术作品。时至今日，随着现代交通工具的日益发达，磁器口滑竿已不再作为一种大众交通工具而存在，人们只有在旅游景点才能一览它的真容，享受其带来的便捷与舒适。滑竿曾深深地影响了磁器口居民的生产与生活，已经成为磁器口永久的文化记忆。传统文化和市井文化是磁器口重要的文化资源。一个古镇的魅力需要传统文化的支撑，才能充满蓬勃的生命力。

7 打更

打更是古代民间的一种夜间报时制度。"天干物燥，小心火烛"，古时人们以打更来提醒和报时。打更的历史源远流长，据考证，其起源于原始的巫术，主要起驱鬼辟邪的作用，在《红楼梦》等文学作品中都有篇幅描写打更驱鬼的习俗。由此习俗产生了一种巡夜的职业——更夫，更夫俗称"打更人"，由其打梆子或敲锣巡夜报时。（一夜分为五更，每更约两小时）更夫是个较为普遍的职业。在古代，由于人们缺少精确的报时手段，晚上的报时就几乎全靠更夫，所以旧时很多城镇和农村都有打更人。那时候大家晚上少有文化娱乐生活，基本上是日出而作，日落而息。人们听到更夫的打更声，便知道了具体时间，按惯例作息起居，所以，打更也是人们按部就班、平静生活的保障。古代的更夫十分辛苦，晚上不能睡觉，而要守着滴漏（一种计时的东西）或燃香（也是计时的东西），才能掌握准确的时间来打更。

在新中国成立前，更夫还算是个较为普遍的职业。新中国成立后，随着人们物质文化生活水平的不断提高，特别是钟表的迅速普及，打更已经不能满足人们对时间的精确要求，打更这个古老的职业也就自然而然地逐渐消失了。但有些人仍然怀念打更时代那种平静安详的生活。每每听到打更声,就有时间回溯、时空回转的感觉。以前,磁器口古镇保留着传统打更的民俗项目,许多游客慕名而来,专门夜游磁器口,感受遥远而又亲切的打更文化。

作为全国知名的古镇,磁器口曾努力延续千年的更夫打更文化。19点至21点为一更天,21点至23点为二更天,两小时为一个时辰,打一次更,以此类推。打更老人身着长衫马褂,裹上头巾;一手执灯笼提铜锣,一手敲锣,上街打更。咣!咣!咣!"关好门窗,注意安全!"咣!咣!咣!"夏日炎炎,小心火烛!"咣!咣!咣!"早睡早起,锻炼身体!"……以前在古镇磁器口,每晚都有一位着马褂、提灯笼、持铜锣的老者沿街鸣锣。别看小小的打更,可是有许多讲究的。打落更(晚上七点)时,一慢一快,连打三次,声音如:"咣!——咣!""咣!——咣!""咣!——咣!"打二更(晚上九点),打一下又一下,连打多次,声音如:"咣!咣!""咣!咣!"打三更时,要一慢两快,声音如:"咣!——咣!咣!"打四更时,要一慢三快,声音如:"咣——咣!咣!咣!"打五更时,要一慢四快,声音如:"咣——咣!咣!咣!咣!"总体来说是由慢到快,连打三趟便收更结束。但为什么又不打六更呢?因为古人早睡早起,五更一过便开始起床做家务了,"一日之计在于晨"嘛,就连皇帝也在五更天便开始准备早朝了。

更夫(熊楚萍摄)

打更老头成为千年古镇的一道风景。但随着一个个打更老人的逝去,打更文化也逐渐从磁器口消失。

为保留这种古老的文化记忆,磁器口管委会联系上雕塑家,设计了更夫雕塑。在重庆有关文化企业的资助下,《磁器口更夫》从构思到创作完成大约花了两个月的时间。为了更真实地刻画出更夫形象,雕塑家还多次与夜行磁器口的打更人一起打更,体会古镇的更夫生活。雕塑设计完成后在成都以铸铜工艺炼制完成。这尊铜制的"更夫"雕塑在磁器口落成。"更夫"脚踏石板,高举灯笼、提锣,"吆喝"着向人们报时。此雕塑人物形象鲜活、饱满,向市民展现出一个朴实、和蔼可亲的打更老人形象。

这尊雕塑更夫头裹帕子,身着中式衣衫,脚穿平底布鞋,腰系布带,左手高举灯笼和铜锣,右手敲锣,笑容可掬。《磁器口更夫》是根据磁器口古镇打更人原型精心打造而成的,生动地展现了20世纪初期更夫的形象,有着浓郁的磁器口地方特色和巴渝风情。

由重庆市著名雕塑家创作的《磁器口更夫》在古镇一经亮相,就成为一道独特的风景,游客纷纷在此驻足合影留念。站在老街石台上的"更夫"脚踏石板,高举灯笼,提锣打更的细微动态及吆喝时面部表情

《磁器口更夫》(游江摄)

都被刻画得栩栩如生,让观者不由得遥想起当年更夫在古镇夜晚打更的情景。整座铜像有 1.7 米高,500 多斤重。2005 年,雕塑家们根据磁器口明末清初时更夫打更报时的文化背景,创作了陶艺作品《磁器口更夫》。目前,这件陶艺作品被收藏进磁器口古镇艺术博物馆,并被开发成有磁器口特色的旅游纪念品。

如今,磁器口管委会正在考虑聘请现代"更夫",以延续磁器口这一古老的传统文化。

8 民间工匠

磁器口古镇日子之所以生动有趣,热闹充实,是因为这里工农商贸集聚,人们在劳动中创造出活泼多趣的生活内容,形成可持续发展的勃勃社会生机。职业上的世俗之见,形成一条俗语定论:"养儿不学艺,挑断箩兜系。"说明人们认为匠人优于下力汉的社会、经济地位和生活水平。

匠人是世人带有尊崇含义的敬称。在磁器口经济发展初期,手艺人比较吃香,可以挣钱贴补家用。俗语评论匠人:"高粱粑,自己夸。"而讽刺艺不精者,戏言为:"学了三年木匠,做得起个门;学了三年篾匠,编得起个篾巴折;学了三年石匠,打得起个遛石片;学了三年渔捕,打到一条麻麻鱼;簸了三年米糠,簸出几颗簸咯货;学了三年铁匠,打得起个铲铲;烧了三年窑,成了一个车碗匠;织了三年纯索,成了一个扯拐匠……"

木匠

木匠,又称"木工",指在制造家具零件、门窗框架,或其他木制品过程中用手工或机器进行操作的人。磁器口木匠有大木小木之分，大木为盖屋造房的木匠，小木为打造家具的木匠。大木又可细分为架子木匠和雕龙刻凤的雕刻木匠，小木又可细分为家什木匠和木桶匠等。小器作的活计精致小巧，用料讲究，做工细腻，以加工制作室内装饰和摆放物为主。其服务对象多是古镇上较富有的人家。作坊设在磁器口的街巷上。

按照磁器口古老的行业规矩，各作坊有各自的施业范围，但不可能绝对限制外作坊的人进入。聪明的木匠模仿能力很强，只要有实物参照，或有简单的图样，就能模仿。他们的技艺在很大程度上，就是在仿造实践中提高的，不过由于对某些专业工种的内在原理和规则不甚了解，虽能仿其形，却达不到真正的技术标准。

为了防潮，改善人居环境，山城民居建筑多以吊脚楼形制出现，有别于徽派民居的精美雕饰，也不像成都平原民居那样阔达气派。磁器口民居因地制宜，依山赋形，层层叠叠，错落有致，鳞次栉比，质朴简约，自成风格，静怡韵雅。磁器口古镇历经风雨、穿斗式木架结构的老屋，保留了明清时期的建筑风格，房屋建筑材料的演变为木匠提供了市场盈利的空间。

篾匠

篾匠是将零散的藤条、竹篾编织成实用的、美观的日用品或工艺品的人。重庆适宜竹林生长，竹子种类齐全，篾匠用这些材料制作出不少工艺精巧又实用的产品。

旧时的磁器口镇上的百姓，有不少人掌握了编织件制品技术。农忙务农，农闲编篾，有上门做艺的，也有拿产品在镇上出售，增加收入的。制作的竹器有：篾席、枕席、晒席、围席、挡席、箩兜、犁扣、绳子、据箕、油篓、篮子、椅子、竹凳、扇子、背篓、蒸笼、刷把、灯笼和其他竹编工艺品，其制作工艺精湛。青篾席备受人们喜爱。它是以隔年青慈竹做原料，划成篾条，宽窄厚薄均匀，色泽一致，编织紧密，平顺无缝隙、漏眼，四方端正，边沿齐整，不接头，不滑头，席面光滑、整洁。篾匠制作篾器，重视选材。竹有数百种，而以毛竹为最好。毛竹的采伐利用，以三年龄期为最佳；既已成熟坚韧，又易于剥篾制作；过老的竹的质地变硬变脆，不易加工。伐竹季节应选秋季，如是春夏，不仅影响春笋繁育竹林，春季伐的竹也容易被虫蛀害。为使制作的竹制品精益求精，还要根据制品要求，挑选径口粗细适中、竹节平坦而长短适宜、竹龄适中的竹子。值得称颂的是，篾业历来有重艺尊师的好传统，能手名师代出不穷，奇品绝活屡有传世。不仅锯、劈、剖、削、雕、凿、剥、刮、熏、蒸、磨、挖、编等工艺技术为篾匠的常规，还常有青出于蓝而胜于蓝，创造出篾业技艺之最的：有的能剥篾达12层，篾片薄如纸，光如玻璃；有的能成丝如棕、粗细均匀，令人兴叹。

打石匠

从事打石这种职业很艰苦，当地人常说一句话："打石又打铁，一天忙到黑。"石匠白天在山上采石，傍晚收工回家后，还要锻打采石的铁件工具，很累很苦。打石匠经常面对一块块巨大的青石，挥汗如雨，一锤一锤，重重地砸击在大青石上，可是大青石却岿然不动，外表没有丝毫的变化。打石匠不停地锤击，就在第一百多锤落下的时候，"啪"的一声，大青石终于裂开了，碎成许多块。

石匠有种类之分，有粗匠和细匠。粗匠是把山上的石头采切成大小长短不一的原料石；细匠一般在山下，或磨，或雕。在早年，磁器口镇上的百姓几乎家家户户都用得着他们，捣臼、碑文、石磨、礤盘、石狮子等全是打石匠一锤一锤凿出来的。石匠常用的工具有二锤、钢钎、锤子、錾子……

以前，谁要想当采石匠，得跟着师傅学，一年没有工资，每天要挑工具箱，几年之后，才能自个儿干（出师）。现在的采石工具大多比较先进了，有空压机、冲击机、切割机、火割机等。由于人工的体力与工艺都赶不上现代工具，很多石匠渐渐地就被淘汰了。

打铁匠

打铁匠，就是打铁或锻造铁器的工匠。他们以铁为原料，靠一把铁锤打造出各式各样的生产工具和生活用品来养家糊口。

磁器口铁匠都有一个自己的铁匠铺，有一座用来煅烧铁坯的火炉，在火炉的连接处有一个大的用手拉的风箱，主要用来控制火力，一般称为掌控火候。火炉所用的燃料有木炭和煤炭，对木炭和煤炭的要求比较高，一百公斤煤炭中大约只有十来公斤炭可以用来打铁，能够打铁的炭叫铁炭。一个铁匠一般会带一到两个学徒，学徒的主要工作是用一把

打铁匠（游江摄）

比自己师傅的铁锤大出五六倍的大铁锤,帮助师傅把炉火烧熟了的铁毛坯打成所需的形状,在最后工具成形的阶段就没有学徒的活了。铁匠用来打铁的工具有:小铁锤、大铁锤、铁夹(用来夹烧热了的铁坯)、砧子(铁匠打铁的平台)等。旧时古镇上总能听到铁匠铺锤击的声响:"打点吃点,打点吃点……"经过不断的敲打之后,铁匠将火红的工件放入水中淬火,白烟升腾……

剃头匠

剃头匠是中国民间的古老职业。如今虽然遍地都是发廊,但是传统剃头匠仍然活跃在中国的大江南北。

剃头匠没有固定的门面,往往走乡摆摊,或在镇上找一个角落,一把椅子往街边一摆,一套工具一摆,就成一个剃头小摊。尽管条件简陋,来剃头的人却不少,方便又便宜。剃头是纯手艺活,往往是家族传承。剃头匠的干活家什很多,梳子、篦子、剪发剪、削发剪、推子、剃刀……剃头讲究气定神闲,上至达官贵人,下至平头百姓,老至耄耋,幼至满月,围布围上,便是主顾,不管是沟背头,还是刀铲头,抑或是松皮头、凹凸头,都得有条不紊、不卑不亢地进行剪、推、剃、修、洗各道程序,决不因尊而慌了手脚,因贫而大

剃头匠(游江摄)

意糊弄。有道是"虽为毫末技艺，却是顶上功夫"，容不得虚与委蛇。

剃须之前，先得用热毛巾敷面，待须孔打开，胡刷蘸上皂沫在脸上细细抹过，右手悬腕执刀，拇指按住刀面，食指、中指勾住刀柄，无名指、小指顶住刀把，在刷刀布上一顺一逆蹭两下，然后左手抚脸撑拨皮肤，剃刀便在客人脸上细细扫荡，就连眼皮上的细细绒毛也不放过，10分钟过后，定叫客人脸上再摸不到半根须茬。

剃头之为匠，自然有其独到功夫。磁器口老一辈剃头匠，传承的是老一代的薪火，除一般理发师应具备的剪修之技外，剃、掏、捏之功是万不可少的。老一辈学剃头，须要学徒三年，其实很多工夫都花在剃、掏、捏的练习揣摩上。掏耳是细致活。掏耳筒里挖勺、绞刀、镊子、耳绒这四样物件各有其用，找一亮堂之处，左手轻拉耳郭，先用挖勺将耳耵挖出，再用绞刀在耳眼里轻转上一圈，用镊子将剩余耳耵夹出，最后用耳绒轻轻转动，掸去细屑。捏肩捶背目下似乎是按摩场所专有，但却是磁器口老一辈剃头匠必备之技艺。掏耳、剃头、修须之后客人已是红光满面，耳目一新，再经摩顶、放髓、捏肩、展臂、捶背，整个上半身筋骨放松个遍。最后一招是敲顶，左手掌覆在客人天灵盖上，右手握空拳在掌背上轻轻一敲，只听"嗒"的一声脆响，收布、理领，再瞧那顾客，真真是容光焕发，再无刚进门之颓唐面目，这才有"不教白发催人老，更喜春风满面生"之谓。

鞋匠

鞋匠，就是修鞋的手艺人。他们担一扁担，一头挑一木箱，一头挑着钉鞋用的铁拐顶和小砧子之类的工具，到人流量大的街头、集市摆摊修鞋。木箱里有补鞋用的皮子、胶水，钉鞋用的钉子，绱鞋用的木楦子等。鞋匠一般不吆喝，拿一个拨浪鼓，"嘣噔、嘣噔"一摇，招揽生意。过去磁器口妇女人人会做布鞋，所做的布鞋是直底，不分左右脚。鞋底和鞋面分开做，绱鞋不采用明帮绱，而是采用窝帮绱，就是说，把鞋面和鞋底连缀在一起，外面看不见绱鞋的针脚，不像现在市面上出售的布鞋，是明帮绱，围着鞋帮和鞋底，有一圈绱鞋的针脚。窝帮绱鞋时，绱鞋的锥子和穿有绱鞋的细麻绳的针必须伸进鞋口儿里面摸索着缝。这就全凭鞋匠的直觉和手感，手艺高的鞋匠闭着眼睛都能绱。手巧的农村妇女，自做的鞋底鞋帮配套合适，鞋匠绱起来得心应手，有些比较笨拙的妇女，自做的鞋底鞋帮不配套，大小不一，这就难坏了鞋匠，特别是鞋面小鞋底大，需要鞋匠将鞋面不断往紧里绷，将鞋底往弯里窝，才能连缀在一起。鞋绱起来以后，先将鞋子套

补鞋匠1（游江摄）

在铁拐顶上,鞋底朝上,用小铁锤轻轻地砸几圈,使鞋底平整,然后,在鞋口儿里面塞进鞋楦子,把鞋楦圆滑。鞋楦子是木头做的,分为鞋头部分、鞋跟部分和中间部分,鞋头部分的楦子就像人脚前半部分,只是五个脚趾不分开,是一个圆滑的整体,鞋跟部分的鞋楦子就像人的脚后跟一样,中间部分的鞋楦子就是几个大小厚薄不一的长方体木楔子。楦鞋时,先将鞋头楦子塞入,再把鞋跟楦子放入,中间部分根据鞋子的大小放进若干个长方体木块,再用薄一点的木楔楔紧。等几分钟之后取出鞋楦子,鞋就算楦好了。绱鞋时,鞋匠同时用两根针,先用锥子在要穿针的部位扎一个小孔,两根带线绳的绱鞋针相向穿入,两手同时用劲缀紧,然后循环往复。锥子扎下的小孔,用肉眼看不见,技艺熟练的鞋匠只用手摸着穿针就能做到准确快速,真是熟能生巧也。鞋匠还有一个手艺就是修鞋,但不像现在的修鞋者用补鞋机子,鞋匠全靠手工。补鞋面时,用做皮鞋皮衣剩下的边角料按鞋面破损程度将皮料剪成椭圆形或圆形,像绱鞋一样针对针地缝制在破损处。若是靠鞋底部位的鞋帮破损了,则需要将补鞋的皮子一半儿绱在鞋底上,一半儿缝在鞋帮上。若鞋底破损了,就需要钉鞋,用废旧自行车外胎(架子车外胎需要从中间剖开),剪成鞋底状(鞋底尖或者鞋跟),用专用的鞋钉钉好。钉鞋是需要专用铁拐顶的,这样鞋钉尖自然就铆平了,穿上鞋后不会磨脚。

补鞋匠2(游江摄)

过去，人们拥有一双布鞋不易，都非常珍惜，需要补鞋的人不在少数。现在许多年轻人连皮鞋破了都不补不穿了，谁还穿补过的布鞋。过去，农村人做一双鞋很不容易，一是做布鞋打褙纸用的废旧布料很少，衣服穿得补丁摞补丁了还舍不得扔掉，娃娃衣服大的孩子穿了还要留给小的穿，很节俭；二是鞋面、纳鞋底用的麻绳价格较贵；三是做鞋工序特别复杂。所以，旧时穿补丁鞋是常事，人人如此，互不笑话。因此，农忙结束到秋种之前妇女们把新鞋整理好。鞋匠除了这段儿时间以绱鞋为主外，平时以修鞋补鞋为主。由于补鞋多用剩皮下角料，所以人们又称鞋匠为"皮匠"。

麻糖匠

旧时，磁器口镇上，每逢过年过节、集市庙会，麻糖匠都会肩背麻糖，手里将金属錾子敲得叮当作响，边走边叫卖："卖麻糖……"听到这声音，便口舌生津，再也按捺不住那香甜浓郁的诱惑："麻糖匠，錾子响，逗得老子喉咙痒。"

做麻糖十分辛苦，麻糖匠凌晨三四点起床，剁麦芽、煮、滤、熬、炒、扯……一直要忙活到晚上十点后才能睡下。制作麻糖的头道工序是熬，刚熬出来的稀状物和蜂蜜有点儿相似，已经是可口的小食品了。稀状物逐步变硬后，将其反复拉制，便成了很筋道的乳白色半成品。半成品撒上炒过的黄米，压成片切成条，扭两三个弯就制成了经典的麻糖。

弹花匠

弹花匠弹棉花，用一把木槌、一张用牛筋绷起的木弓。操作时背插一根小弯竹竿,将弓系于竿顶,悬吊在胸前。一手执弓,一手挥动木槌,弹动弓弦筋绳,使其将棉花震松弹泡。弹花匠弹棉花,主要是加工棉絮,其次为做棉衣的和一些手工纺线者加工泡棉,大宗纺织的泡棉则在梳花机上加工。加工棉絮时,待棉花弹泡铺匀后,就拉网线铺在棉花上,再用打磨光滑的棉盘,将线与棉花压磨黏合。弹花匠一般只会弹棉花,不会纺线。所以有时用弹花匠来形容一个人只会吹牛,不会实干。

补锅匠

早期补锅是用钉子冷补,锅有裂缝破损需要修补,补锅匠先在地上立一根铁杆,将需要补钉的铁锅翻转扣于铁杆上,顶在裂缝处,再用钉锤在锅底外对准裂缝轻轻敲打,破出绿豆大的一个小眼,以便穿钉。补锅钉系熟铁锻造,顶帽为伞状,大如一枚铜钱。钉脚细软,穿钉前,先在钉帽下抹一点黄泥,俗称"金木水火土,离不得泥巴补"。钉脚从锅内向锅底外穿出,其外再套一片"眼皮"。如螺垫,再将钉脚钳弯,盘扭至紧贴锅底,再用钉锤敲打贴实,即补好一颗钉。视裂缝长短,挨次补起来,裂缝便补合好了。

民国初年,磁器口开始有热补锅。补锅匠烧红炉子,熔一杯(专用耐火材料所做)生铁水备用。做法同样需要先在裂缝处敲眼,以便铁水能注入。浇铁水时,锅口面向上,锅底向下。一手握一把泥沙,一手执勺浇注铁水,同时执勺手的食指与中指间夹一根用旧布条卷起的抹布(浸水、浇湿),握泥沙的手紧贴,对准锅眼浇一滴铁水,立即用抹布向前抹一下,铁水展成一道长形铁疤,依次补起,然后用砂石打磨光滑。

补锅匠揽活,一种方式是摆点,更多的是串乡,并间歇地高喊"补哦,补哦,补锅哦",补锅者应声召唤,补锅匠就地生炉补锅。补锅匠肩扛一条高板凳做挑担，一头是锻补工具，一头是磨刀石和铁子（俗称起子），补锅与磨剪子、磨菜刀属于同一行当。20世纪70年代以来，使用铝锅、锑锅的增多，使用大铁锅的相应减少，补铁锅生意也就渐衰了，之后出现修铝锅、铝壶与更换锅底、壶底的补锅匠。

棕匠

以棕片为原料制作农具和生活用品的人称为"棕匠"。千棕万桐，永世不穷。棕叶可以做棕衣、棕垫、棕绳等。棕匠分居农村，以务农为主，上门服务，为人们加工蓑衣、背措、围裙、棕绳、棕刷、绷子和保温棕茶壶套等生活用品，同时也将一些棕制品拿到市场销售。

棕匠的基本功是缠棕绳。先逐匹逐片地把大扇形的棕壳子的棕边（棕树的皮）撕掉，再把棕放在铁耙上扯，理出一绺绺棕丝来。扯棕是最费体力的，扯一下就要拌一下，弄得身上地上满是棕灰。棕丝扯完后，拿一块坐石压在棕丝后面，前面再压上一块小木板。右手拿一个专用工具转子，把起好头的棕绳缠绕在转子上，然后不紧不慢地转着，左手捻棕丝，不停地将棕丝拨拢起来，棕丝就这样被拧成绳绑在转子上。这个过程看似简单，但不是一帆风顺的。之后就可以做棕垫了。棕匠把一块块棕壳子放在高床板一边，铺成一列。此处的要紧处是棕壳子要铺匀，高的高、矮的矮就不行。再拿一根30厘米长的钢针，穿上棕绳，把棕壳子一块块缝合，然后用坐石、砖头、锤子、撬棍等压在上面，把软性的棕壳子压厚实一点。另一边也同样缝好，再把两边合拢，里子（里面）套里子，面子（外面）套面子，再缝扎紧，缝好后往棕壳子里面再塞一些棕壳子进去，垫厚实一些。之后就可以锁边了，根据长宽尺寸，把多余的棕缝进去。都锁好边后，一块厚实而略有弹性的棕垫就做成了。

新中国成立后，棕片被列为国家的统管原料，棕匠就只为当地供销社加工棕制品。20世纪80年代后，有的棕匠自带棕片、棕绳，上门加工棕垫、绷子床等，有的将自制的棕制品拿到市场上销售。

补坛、补缸、补钵与补碗匠

补碗匠补碗时，先用铁刮刀把破碗断裂两面上的灰尘和其他杂物刮掉，为使其黏合牢固，用胆巴水和铁屑末调成"铁末子"涂在断面后进行黏结。在黏合时，线缝要对齐，这样裂缝就小。黏合好后，再用小钻在碗的裂缝两边钻眼。钻眼的多少，要根据上铜爪的多少而定，如断面长，铜爪就上得多，那么眼就钻得多。眼钻好后，就上铜爪。上铜爪的目的就是将破碗的断面拉住，使其不再破裂。最后再沿裂缝涂一次"铁末子"。待三四天干后即可使用。碗补得好坏，要看是否还渗漏，同时要看补疤大小，是否能还原成原来的样子，是否光滑平整、不漏汤水。20世纪70年代末，随着经济的发展和搪瓷碗的出现，磁器口这种行业已逐渐消失。

补坛、补缸、补钵与补碗业一样在这里较盛行。补坛匠肩挑工具，多为串乡，并间歇吆喝"有烂缸子、烂坛子补"，只要有人召唤补坛，便就地施补。补坛与补碗的技术和方法基本相同，所不同的是补碗要用铜爪将裂缝抓紧，而补坛就是将漏水处的眼洞用瓦片与"铁末子"黏合堵住。修补坛沿时，要将修补的地方用细绳捆扎固定好，以免错位；使其补疤小，平整美观。缸、钵的修补技术和方法与补坛完全一样。补匠的工钱有支现金的，也有给粮食的。20世纪70年代后期，这些行业已逐步消失。

二 色彩斑斓的生活画卷

1 玩龙灯

玩龙灯又称"舞龙灯",是一种喜庆热烈、雅俗共赏的传统民俗文化活动项目。龙的形象是古人为了寄托美好愿望而创造的,龙被古人奉为吉祥之物出现在各种庆典祭祀中,人们用舞龙的方式祈祷得到龙的保佑。随着经济发展和社会进步,舞龙的文化内涵也有了新的象征。当人们舞起用竹篾绑扎、用绸缎装饰的彩龙来取乐的时候,它的祭祀性质就已开始悄悄地隐退,逐渐演变为一种具有多种表演技巧的汉族民间传统艺术。磁器口古镇的玩龙灯历史悠久,技艺高超,古镇舞龙表演队曾在重庆市舞龙灯调演中,连续三年(1986~1988)荣获特等奖而名噪巴渝。

磁器口古镇的龙灯用竹、木等扎成龙的骨架,外面糊以厚纸或纱布,再浆上米汤,用彩笔点睛绘形。

舞龙(图由磁器口古镇管委会提供)

二 色彩斑斓的生活画卷 | 47

龙的节数不等,每节间距约五尺,多为单数。一般总身长20米左右,直径60～70厘米,内用铁丝做成圆形。磁器口龙灯的配饰十分讲究,龙须、龙眼、龙鳞等部位,融合了剪纸、绘画、刺绣、插花、折纸等民间美术工艺手法,造型大气、精美绝伦。

玩龙灯是旧时磁器口节庆期间最热闹的传统节日文化活动之一。每逢春节、元宵节、灯会、庙会及丰收年,都要举行玩龙灯的活动。作为一种民间艺术,龙灯表演花样颇多。玩龙灯时,舞龙跟着绣球做各种穿插动作,不断地展示扭、挥、仰、跪、跳、摇等多种姿势。舞龙者由数十人组成,一人在前用绣球斗龙,其他人在后面举龙,碎步起跑,表演"二龙戏珠""双龙出水""火龙腾飞""蟠龙闹海"等动作,巨龙追着红色的宝珠飞腾跳跃,忽而高耸,似飞冲云端;忽而低下,像破浪入海,蜿蜒腾挪,活灵活现。

打火龙是磁器口玩龙灯的特色项目,每逢春节等喜庆节日,磁器口当地的玩龙艺人早早地制作好龙灯,一般选择在晚上进行舞火龙表演。打火花就是将生铁加热熔化成液体后,一人用耐火勺舀出抛向空中,再由一人用特制板块打散,打出的铁水液星星点点,熊熊如焰,在夜间如天女散花一般,煞是好看。玩龙者赤膊上阵,

火龙(图由磁器口古镇管委会提供)

在绚烂的铁水花海中光着臂膀起劲地舞动龙灯,舞得汗流浃背。为防止烫伤,舞龙者身上一般都要抹上菜油。打火龙表演到高潮时,一时间,火花四溅,狂龙飞舞,烟火璀璨,精彩刺激,气氛十分热烈,寓意大家生活红红火火。

2　龙舟竞渡

龙舟竞渡又称"赛龙舟""划龙船""龙船赛会"等,是中国一种具有浓郁的民俗文化色彩的群众性娱乐活动,同时也是一种有利于增强人民体质,培养勇往直前、坚毅果敢精神的体育运动。龙舟作为中国龙文化传播的一种方式传承下来,象征着华夏子孙作为"龙的传人"对于龙文化的一种崇拜和崇敬,龙舟文化也随之而产生。最初的龙舟只是一种供皇室游玩的交通工具,到后来有了大规模的龙舟竞渡,龙舟文化也随着历史的发展,逐渐形成了自己的文化特色。

每逢中国的传统节日端午节,赛龙舟是其重要的庆典活动。这个时期,是磁器口码头的非雾季节,江水微涨,水流逶迤,两岸清幽,给人们带来心旷神怡的感受。船浮绿水,岸负青山,满目尽皆国画色。人们结伴出户,欢声笑语,笑意连连,踏歌岸边,赏光览景。磁器口因倚靠嘉陵江,曾多次举办龙舟赛。每年端午,龙舟竞渡,热闹非凡。最鼎盛时期,举办龙舟赛时,参赛龙舟近20只,观众达10多万人。一时间,龙舟竞渡,观者如云,鼓声震天,异常热闹。

龙舟赛除具有传统的纪念性质外,还兼有竞技性和娱乐性。端午节这一天,观赛的人们从四面八方来到江边,拥挤在码头,伫立在岸上,等待龙舟比赛。嘉陵江水碧石奇,岸边林木掩映,如同一幅幅山水画,人来人往,恰似在画中游。嘉陵江两岸人头攒动,络绎不绝,人山人海,热闹场面,堪比庙会。磁器口的龙舟比赛,自有造型:木质镂空雕刻出龙头,翘首于船头,披挂红色锦布,以示威严壮观,有着一往无前、定能取胜的气势。岸边参赛龙舟,列队排阵,披彩挂色,好一副出征迎战的气派。磁器口的赛龙舟以速度取胜,通常把赛龙舟的奖品称"彩标"或"锦标"。比赛者皆赤膊,手持短桨,每条赛船上都有一名持小红旗的指挥者。比赛中指挥者领头呼喊口号,队员们齐力划桨,气氛热烈。磁器口赛龙舟,将"彩标"悬于水中,或设在岸上。有时,备"彩标"的大船往江中放鸭子,龙舟竞相夺标,俗称"抢鸭子":先将数只健康活鸭灌了黄酒,进入醉态,抛入比赛目的地的水域中,龙船驶进投放被抢物之区域,参赛船员跳入江中,争相捉拿、铆劲抢夺,多得的龙船队获胜。船上器具除了桨、旗之外,还设有吹奏用的丝竹和敲击用的大鼓等。观众们不仅可观赏龙舟竞渡,还可在激情豪迈的乐声、歌声、呐喊声中感受热烈的气氛。各条船上大鼓同时敲打,鼓声如雷,无数只丝竹奏起,场面十分壮观。有时还鸣放爆竹,炮声一响,赛船两舟并行,你追我赶比出胜负,谓之"抢江"。两岸观众如潮水般随龙舟前进,也有不少人自己买小舟携酒以游,时称"游江"。有趣的是,不少人在码头上备纸扇、彩红,当龙舟一到就争先献上,一时间河中游船无数来回嬉戏,岸上团扇轻舞,彩旗相映生辉。这样的比赛场面,可谓盛况空前。

磁器口赛龙舟的历史久远,船工多,基础牢,优势大,成为重庆地区的龙舟劲旅,比赛成绩一直在前三名之内。不得不让人感叹在比赛时候,参赛选手所表现出的那种奋勇向前的精神,更敬慕那些在激流险滩中驾驭舟船竞渡前进的水手,赛龙舟体现的是积极向上的团队精神,彰显出不屈不挠的民族志气。

3 炒米糖开水

炒米糖开水，是流传于我国民间的一道风味小吃，多在夜深时，由小贩挑担走街串巷叫卖，因用开水将炒米糖冲泡而成，故得此名。炒米糖开水由三大部分组成：一是提前制作好的炒米，也就是爆米花，旧时多用糯米制作；二是糖，可用白砂糖，也可用红糖；三是滚开水。炒米糖黄中带亮，颗粒均匀，状如蜂蛹，软硬适中，香甜酥脆，注入滚开水一泡，颗粒饱胀，浓香四溢，入口即化，香甜软糯，回味无穷。清代郑板桥曾说，天寒冰冻时暮，穷亲戚朋友到门，先泡一大碗炒米送手中，佐以酱姜一小碟，最是暖老温贫之具（《板桥家书》）。可见，炒米是家常预备，客人到来，开水一泡，马上就可以吃，方便省事，比下一碗挂面还要简单。在没有什么东西好吃的时候，泡一碗可代早晚茶。平常来了客人，泡一碗，也算是点心。炒米糖开水，也曾是老重庆土快餐的典型。它之所以能普及，在于老少咸宜、冲泡方便而又价格低廉的优势，能为最大多数的普通老百姓所接受。

在20世纪初的磁器口，几乎每家每户都有装炒米的"炒米坛子"，它固定用来装炒米，不作别的用途。舀炒米的东西也是固定的，一般都用木制瓢。从前的磁器口老街，常见炒米师傅挑着担子走街串巷，时不时便大声地吼几句："打炒米！"师傅的工具和设备相当简单，担子一头是个特制的压力锅，多为生铁铸成，作纺锤状，两头有轴，便于在专用的支架上旋转，其中一头接个摇柄，摇柄与锅之间焊着压力表，用来测量锅内的压力，探知炒米的生熟。锅上通常搭着一条叠成几折的长麻袋。担子的另一头是个泥灶，配个手动风箱，当然少不了一小堆焦炭，这就是制作炒米的全套家当。只要听见有人招呼，师傅便就近选个宽敞的地方放下担子，铺开家当，用火钩捅捅炉子，撮几块焦炭加进去，不紧不慢地拉起风箱，将珠圆玉润的糯米倒进那口纺锤状的锅里，小心地密封，架在炉子上。师傅左手将风箱把儿推得飞快，右手则左三圈右三圈地摇着，让锅内的糯米能均匀地受热。泥炉里火苗烧得正旺，发出呼哧呼哧的声响。师傅便频繁地看那压力表，终于，师傅停下风箱，将那压力锅转过来，离开火灶，又将那长麻袋铺好，将剪有小眼的一头笼在锅的开口处，眨眼间，师傅一发力，就听见惊天动地一声响，压力锅盖在袋内轰然而开，只见一股青烟溢出口袋，冉冉而去，浓郁的米香扑鼻而来。师傅轻抖口袋，缓缓将白花花的炒米倒出来。打完炒米后，将适量炒米盛入碗中，加一勺白糖，撒点烘香的芝麻、花生、核桃碎块，甚至再添一点猪化油，用滚水冲泡，这便成了正宗的炒米糖开水。

　　除此之外，以前磁器口还有另外一种制作"炒米"的方法，由专门的炒米师傅进行制作。师傅们多背着一面大筛子，手执长柄的铁铲，游走在大街小巷招揽生意，有时带一个助手，多半是个半大孩子，帮他烧火添柴。居民们把他们请到家里来，管一顿饭，给几个钱，炒一天。或二斗，或半石，或一石。把一年所需炒米一次炒齐。炒法十分讲究，师傅先在锅里放些沙，然后在锅里不停地翻炒，等到沙变黑并冒着热气时，再将蒸熟晒干的糯米倒入锅里，和沙混在一起，不停地翻炒，不一会儿，糯米像变戏法似的成了又白又胖、又香又酥的"炒米"。因为沙受热后，温度均匀，传热较慢，糯米不断地与沙进行热传递，体积不断地膨胀，这样"炒米"就不会炒糊。炒米熟后，用筛子将炒米和沙分离，炒米就制作完成。

旧时的磁器口码头，水上交通发达，行人来往如梭，经常能看见小贩挑着担子，一侧是炭炉和水壶，一侧是个木桶，里面摆放着炒米、粗瓷大碗、汤勺等，用地道的重庆方言拉长了声气吆喝："炒米糖开水——"在那个舌尖上的味道并不丰富的年代，一碗油润的炒米糖开水便是最香甜的记忆。

因为传统制作工艺较为复杂，20世纪70年代至80年代，按照传统工艺制作的炒米糖逐年减少。后来发明了一种爆米机，能把传统炒米糖的浸米、笼蒸、白扁米、爆米花的工艺并为一起，爆出的米花体积大，粘米也可代替糯米，但这种工序做出的炒米糖却没有传统炒米糖那种干香酥脆的独特风味。有的厂家为方便顾客食用，开发出一种便携式的开水米花糖，模样就如现在尚存的米花糖一般，将米花用机器适当挤压，切成四四方方的，上面抹一层厚厚的白糖。外出旅行，带它上路就会便利许多。现今部分餐馆为招揽顾客，在席间也添置炒米糖开水作为辅餐甜点，深受广大消费者的欢迎。

4 古镇"美食三宝"

软烩千张、毛血旺、椒盐花生曾被誉为磁器口的"美食三宝",远近闻名,深受老百姓喜爱。

软烩千张

软烩千张是一种豆制品。一说起软烩千张皮,磁器口老一辈的人都觉得满嘴生香。当年,软烩千张皮在磁器口出尽了风头,成为磁器口名特食品之一。软烩千张的制作方法较为简单,先用未被污染的井水浸泡黄豆,用石磨将其磨成浆后再用白布滤出浆汁,将豆浆下锅,大火烧开后点浆,最后,一层老布一层浆地放置在一个特制的木箱中,再上榨压制,第二天榨干水分后,再一张一张

软烩千张(游江摄)

揭下。磁器口的软烩千张薄如纸。厨师将其切为二分宽、一寸长的细丝,用猪油烩炒,并加入食盐、韭菜或葱调味,这就是磁器口的名菜肴软烩千张。软烩千张柔韧不碎、细腻爽口,不仅深受本地人和过往客商的喜爱,许多外地人也常常慕名前来品尝。

毛血旺

旧时毛血旺的做法较为简单,置一口足有二十寸的大锅,先扣上一个大瓦钵,再放入猪骨头和白豌豆,加水后用文火熬制原汤。将猪心肺、肠头、猪头肉切片下锅,同时加入老姜、花椒、精盐、酒醋和"糍粑海椒"等佐料,煨耙后再下猪血旺。底火不断,血旺越煨越嫩,其味道鲜美无比。一碗只需两三钱,现吃现舀,吃的时候还可以在碗中加蒜汁、葱花等调味。

民间有言说:到磁器口不吃毛血旺,等于没到磁器口。当年的磁器口,既是嘉陵江下游重要的物资聚集地,也是重庆城著名的水陆通道,南来北往的客商在这里打尖、歇脚、做生意,很是热闹。一些赶路的脚夫、撑船的老板、水码头的下力人、走街串巷的小贩,都喜好来买上一碗热腾腾的毛血旺杂碎汤,或蹲在街边单吃,或来一大碗帽儿头佐饭,或来个单碗酒,吃得酒醉饭饱,好不惬意。一碗毛血旺杂碎汤

制作毛血旺(游江摄)

仅三个制钱,真是物美价廉。毛血旺嫩而爽口,杂碎油而不腻,汤香辣烫嘴,味道鲜美,一碗下肚,通体大汗,暖人身心。久而久之,毛血旺杂碎汤成了水码头一方大众最爱的特色小吃,一些社会贤达、

毛血旺(游江摄)

富商大户、文人墨客也常慕名前来品尝。抗战时,寓居沙坪坝的社会各界人士,每每傍晚或假日,便三五结伴从沙坪坝顺江边徒步走到磁器口,以品尝毛血旺杂碎汤为一大快事。

椒盐花生

在重庆有句俗语:"北碚豆花土坨酒,好耍不过澄江口;高店子的黄糕蒸得泡,椒盐花生要数磁器口。"由此可见,磁器口的椒盐花生在当地是有一定知名度的。

从前,四川遂宁、三台一带水土气候条件优越,盛产一种小花生,形如鹦哥嘴,麻筋瘦条,统统是一颗三连籽,皮薄如纸,一弹即破,花生米饱满,人称"遂宁籽"。每

磁器口椒盐花生(图由磁器口古镇管委会提供)

磁器口卖椒盐花生的店铺（游江摄）

年秋后，便有一艘艘满载"遂宁籽"的船只沿嘉陵江顺水而下，运至磁器口。精明的商家选用颗粒饱满的小花生，加入花椒、三奈、八角、小茴香、桂皮等香料，用磁器口上好的酱油煮透，晒干水分后，再用文火烘干，即成为香酥可口的椒盐花生。会吃的人，抓一把椒盐花生在手，一搓，壳就散了，嘴冲手掌一吹，红红的花生皮如仙女散花般凌空飞舞，留在手掌心的是一捧雪白的花生米，吃在嘴里，颗颗香，粒粒脆。那时候，只要在磁器口水码头泊船，踩着晃晃荡荡的跳板上岸，满耳充溢的是叫卖椒盐花生的声音，一街的青石板路铺满花生壳，脚踩上去嚓嚓响。坐茶楼喝碗茶的，坐冷酒馆喝碗酒的，坐戏园子看戏的，逛街吃零食的，守店铺的，吃的都是椒盐花生。凡是到过磁器口的人，回家也总要带上几包椒盐花生做礼品，馈赠亲友。

20世纪七八十年代，因原料奇缺、成本过高等诸多原因，磁器口水码头的几家椒盐花生炒房相继关门停业，一度大红大紫的椒盐花生在磁器口逐渐消失。沉寂了几十年后，当新千年的曙光照亮磁器口的青石板路时，磁器口的商家为让椒盐花生重新进入人们的视野，积极恢复椒盐花生的炒制，跋山涉水，为找原料寻遍重庆乃至四川，终于在川北农村找到了三连籽花生。同时积极研制创新炒制秘方，在保持传统风味的基础上，开发了双椒、水煮、白味、酱油、五香等不同口味的椒盐花生，继承和发展了这一地方的名特产。

5　糖关刀

糖关刀也称为"糖画",就是用糖汁作画,可分为平面糖画与立体糖画。它亦糖亦画,可观可食。作为一种传统手工艺食品,糖关刀深受人们喜爱,尤其受到孩子们的追捧。这一传统工艺食品过去的称谓颇多:其在以成都为中心的川西平原被称为"糖饼儿"或"倒糖饼儿",在川东一带被称作"糖关刀""糖把粑儿",川北一带则呼其为"糖灯影儿"。

相传唐代诗人陈子昂很喜欢吃黄糖,不过他的吃法与众不同,首先将糖熔化,在清洁光滑的桌面上画成各种小动物及各种花卉图案,待其凝固后拿在手上,一面赏玩一面吃,自觉有趣。糖画便从此流传下来。还有种说法是,过去的糖关刀艺人常随戏曲班子挑担沿途叫卖,戏班子每到一处,一般都会演出关公戏(《三国演义》中有关关羽的剧目),关公豪爽仗义,对人忠诚,常使用青龙偃月刀,俗称"关刀",卖糖艺人便常做"关刀"叫卖,久而久之,人们便称之为"糖关刀"。

糖关刀这一颇具民俗特色的食品在中国历史悠久,最早起源于明代,距今已有四五百年的历史。明代宫廷习俗中,每当新年祭祖时,官宦大户人家往往用模具印制糖狮、糖虎和文臣武将等形象用以祭祀,

糖关刀（游江摄）

后来该技艺传入民间，逐渐演化为糖画。到了清代，糖画更加流行，制作技艺日趋精妙，题材也更加广泛，多为龙、凤、鱼、猴等普通大众喜闻乐见的吉祥图案，之后逐渐演变发展成为今日的糖画艺术。如今，糖画的这种艺术魅力逐渐又得到了越来越多人的认可和关注。充满了市井气息的糖画，无论是画本身，还是作画的过程都是饶有趣味的，因此能够经久不衰，越传越广。时至今日，北京、天津、重庆、河南、山东等地都活跃着一批糖画艺人。糖画在每一个地区都很受欢迎，受当地风俗文化的影响，有了一定的地域性，具有当地的特色，都能激起人们各种不同的审美感受。

糖画是广泛流传于巴山渝水、备受老百姓喜爱的工艺食品。多少年来，磁器口的大街小巷，每逢赶场天，常常看到那种一头挑木箱，一头挑煤炉的糖关刀艺人。他们在人多处,尤其是小孩云集的地方摆摊,在木箱边放一块平滑的大理石,另一端在低木架上放一木盘,盘边分格画有不同的花鸟虫鱼和人物图像,盘中心装有一支能转动的竹箭。买糖关刀者交钱后,拨动竹箭,箭头停在所指格里的图像,即是应得奖品,糖关刀艺人随即按图制作。

制作糖关刀,需要带把的平底锅、不锈钢勺、大理石板、锅铲等工具和食用油、红糖或白砂糖、麦芽糖等食材,制作过程如下:

第一步:熬糖。绘制糖关刀之前要先熬糖。熬糖前先在一块大理石板上面刷上油,油刷得要薄一些,这样可以防止糖粘在大理石板上。把锅放在火上,加入适量清水,再放入白砂糖。水与糖的比例是2比1。白砂糖放入以后要轻轻搅动一下,防止粘锅。用大火熬25分钟,水温逐渐升高,糖液中的水分逐渐减少。将糖液熬至色泽稍微变黄、气泡变小时,火候就差不多了,趁热将其倒在大理石板上。糖液倒在大理石板上之后就会冷却、凝固。待糖液完全凝固后,把糖片切碎,

制作糖关刀(图由磁器口古镇管委会提供)

收入盘中。

第二步：化糖。在绘制糖画之前，首先要化糖。化糖就是把准备好的糖块放在糖锅内熔化。熔化糖要用小火，火大了糖就会焦。用文火将糖慢慢熔解，当糖完全熔解后就可以绘画了。

第三步：画糖。用不锈钢勺舀起熔化的糖，在大理石板上勾画出各种各样的图像，再趁热粘上一根竹签，画完后等一两分钟，待糖液冷却后，用铲子小心地将其轻轻铲起来即可。

在化糖时可以适当加一点麦芽糖，这样熔化的糖就更容易起丝，黏稠度也更好。画糖关刀跟绘画不一样，画糖关刀是用糖来画的，凉了之后非常容易凝固。所以，画糖关刀的动作要快。另外，画糖关刀相当于连笔画，所以每笔之间不能间断。这就要求画糖关刀的笔顺必须进行事前设计，这样可以使糖画快捷地画好，糖也不容易凉。

制作糖画是一个难度很高的过程。它对糖画艺人的要求很高，具体而言就是：图案要形象，线条要匀称，速度要快捷，过程要连贯，画完要适时拿。最关键的就是糖的"熬功"和画时的"匀功"。熬糖时要边熬边搅，当糖呈稠状，用勺舀时不断丝。制作时，勺距石板不能太高也不能太低，需运腕向下，用腕力带动勺子，而且制作糖画必须要有书法和绘画的基础。

随着人民群众生活水平的提高，为吸引更多的年轻人喜欢糖画，糖关刀的制作工艺也在不断提高、翻新。比如磁器口的民间艺人将番茄汁与糖水混合在一起，构成红色糖；将广柑汁与糖水混合在一起，构成黄色糖；将葡萄汁与糖水混合在一起，构成紫色糖等，不断丰富着糖关刀的表现形式和内容。目前，糖关刀已被评为非物质文化遗产保护项目，我们希望糖关刀这一民俗工艺能够借此东风，不断完善革新，真正走出国门，走向世界。

6 磁器口麻花

磁器口麻花是一道美味可口的传统小吃，是磁器口的一大特产。磁器口麻花选料上乘，采用全手工制作，具有香、酥、脆、爽，久放不面等特点。现共有10余个品种：原味、黑芝麻、椒盐、黑米、玉米、冰糖糯米、麻辣、海苔、巧克力、蜂蜜等。原味麻花，香甜可口，老少皆宜；椒盐麻花，干香酥脆，入口化渣；麻辣麻花，重庆口味，集甜、麻、辣于一体，回味无穷；新产品蜂蜜麻花，口味纯正，芳香四溢，含有丰富的矿物质元素，男女老少都爱吃。有人因此形容说："嚼起麻花香，惊动十里人。"

关于麻花的由来，有一个美丽的传说：从前有一名男子喜欢一名女子，可是女子不喜欢他，男子很伤心，就用面做成她辫子的形状，这就是麻花的雏形。经

磁器口麻花（游江摄）

过数百年的发展演变，形成了现在大家熟悉的麻花式样了。

在大大小小的磁器口麻花店铺中，最具代表性的是陈昌银麻花店。陈昌银本人也被称为磁器口"麻花掌门人"。1997年，陈昌银的儿子考上了重庆交通大学，在给儿子交了第一年3600元的学费后，陈昌银手里只剩下50元钱。为了家庭生计，同时照顾儿子的学习和生活，家住重庆市合川区农村的陈昌银举家迁到了重庆市区。1997年10月，42岁的陈昌银揣着50元钱和妻子来到重庆市江北区。一个星期过去了，夫妇俩没有找到工作，一筹莫展的陈昌银夫妇只好干起了杂工谋生。在当年的春节，陈昌银和妻子回合川老家过年。在汽车站等车时，见到一个小贩背着一筐麻花叫卖。陈昌银买了几斤麻花一尝，味道比自己曾经在家里炸的麻花差了很多，他当即脑筋一转，为何不在城里经营自家炸的麻花呢？于是他和妻子经过多方比较，最后决定在旅游业日渐兴盛的磁器口古镇租下门面，开始了艰辛的创业历程。经过多年的经营打拼，"陈昌银麻花"不仅注册了商标，而且先后获得了"中国名小吃""重庆特产""重庆名点"等称号。如今的陈昌银麻花，已经成为了磁器口古镇的代名词和重庆特色小吃的典范。据统计，80%的游客在磁器口古镇旅游时要购买品尝陈昌银麻花。同时，陈昌银麻花不断扩大营销范围，陆续进入大型超市卖场销售。

陈昌银麻花店生意火爆，很多时候都要排队才买得到。陈昌银麻花不仅深受重庆当地市民的喜爱，更是征服了海内外游客。什么原因让游客如此青睐陈昌银制作的麻花呢？是因为麻花绝活的掌门人陈昌银，发扬祖传秘方，不断推陈出新，形成了独具特色的陈昌银麻花精品。

陈昌银麻花首先是选料十分讲究，要用精制的面粉、颗粒饱满的芝麻、香而不腻的核桃油、粒大饱满的糯米、优质纯净的白糖，还要添加上好的冰糖；接着是和面，陈麻花所采用的和面机是独一无二的，

陈昌银麻花（游江摄）

因为它是陈昌银在制作麻花的过程中不断研究发明出来的，用它和出来的面非常均匀，炸出来更加酥脆；然后是搓麻花，这仿佛是一场精彩的表演：将已切成五寸长的条状面块摆在桌子上，双手按住，一搓，呈"8"字形再一拧，就在这十指飞舞间，便做出了麻花的雏形；最后是炸麻花，此过程全凭多年的经验和对火候的适度控制，炸得太嫩麻花会发面，炸得太老麻花则会焦糊。这就是陈昌银制作麻花的奥妙所在。经过这样精心制作出来的麻花精品，闻起来香，咬起来脆，入口后酥而无渣，且具有保健养生功能。

为扩大产业规模，推行现代企业经营管理理念，提升"陈昌银"商标的市场知名度，陈昌银于2007年投资成立了重庆市磁器口陈麻花食品有限公司，组建起以麻花为主导，以甜食小吃为辅助的多元化食品开发生产企业。公司现有生产、经营场地2000多平方米，有符合国家对食品生产企业达标要求的现代化生产设备和检测设备，从而为陈昌银麻花及其甜食品的生产加工提供了技术保障。

重庆市磁器口陈麻花食品有限公司在生产经营过程中，充分把握"重庆一日游""重庆红色旅游线路"整合发展的机会,利用磁器口古镇、渣滓洞、白公馆这些具有革命历史记忆的红色旅游人脉资源优势，通过以点代面、以质取胜的市场营销模式，使"陈昌银麻花"等甜品小吃深入人心，成为茶余饭后的点心、走亲访友的首选礼品。陈昌银麻花作为重庆特产的一张名片，迅速走进千家万户、祖国的大江南北，从而成功地探索出适合本企业发展的创新之路。多年来，公司以良好的经济效益和企业综合实力，赢得社会各界普遍好评，相继荣获"共和国小康建设奖""全国行业质量诚信示范企业""全国用户满意企业"等诸多荣誉；陈麻花系列产品先后获得了"消费者信赖品牌""中华名小吃""重庆市著名商标""重庆市名优特产"等荣誉。中央电视台《致富经》栏目、重庆电视台《天天630》栏目、《世界经理人》、《金沙文化》、《重庆晚报》、《重庆晨报》、《健康人报》、新浪网、农博网等知名媒体纷纷对陈麻花进行报道。

休闲旅游业的蓬勃发展带动了磁器口古镇人气的迅速攀升。面临取得的发展成就和难得的发展机遇，陈昌银没有骄傲和自满。"天津麻花就是陈麻花的奋斗目标。"如今，拥有传统手艺的陈昌银和其拥有现代企业管理经验的儿子一道，立志将重庆陈昌银麻花品牌搬上全国舞台。

7 放河灯

放河灯是一种民间祭祀活动,因其投放的灯多为荷花形状,所以又名"放荷灯"。放河灯主要用于对逝去亲人的悼念、为活着的人们祈福,常在每月初一、十五和逝世忌日进行。

原始社会,由于对大自然认识的局限性,汉族先民认为火是万物之源,将火奉为顶礼膜拜的图腾,吉祥温暖的象征,战胜寒冷饥饿的神灵。渔猎时代,人们驾舟出海,为避免风暴肆虐,在过危礁险滩或遭遇风大浪高时,便用木板做成小船,放置祭品点上明火,并放入水中任其漂流,祈保平安。在弱肉强食、战乱频仍的奴隶社会,攻城略地胜利时,对阵亡将士进行水葬,船筏置鲜花、燃灯已成为惯例。周代八月十五有以火迎寒即围篝火举行歌舞的活动。晋代在每年月亮最圆最亮之夜,"纵情玩月、火烛竟宵","载船玩月"。这些活动,比汉代传入我国的佛教以及本土出现的道教活动都要早,同时也用事实说明了放河灯具有深厚的历史文化积淀,是中华民族历史悠久的传统民俗。

汉代以后,宗教影响日益扩大。南北朝梁武帝崇信佛教,倡导办水陆法会,僧人便在放生池放河灯。北宋时确定八月十五为中秋节,届时举灯玩月,放河笙歌,"僧尼道俗盆养供佛"。宋代道教得到提倡,规定中元节各地燃放河灯、安抚孤魂、演目连戏,不少诗人写下了描绘放河灯盛况的不朽诗文。明人田汝成编著的《西湖浏览志余》记载:"七月十五为中元节……放灯西湖及塔上、河中,谓之照冥。"四川《德阳县志·风俗》中记载:"(端午、中元节)夜则折纸做小舟式数十百,各置炬,其中顺流飘荡。"清人潘荣陛著的《帝京岁时纪胜·中元》云:"自十三日至十五日放河灯……罗列两岸,以数千计。"此后,放河灯在七月半举行并随佛教、道教传播而流行全国。这一天,人们在家设酒宴、烧纸钱祭祖,到寺庙道观参加放河灯等法事或道场活动。

佛教、道教等宗教活动的放河灯活动常在农历七月十五前后举行。但在我国一些地区放河灯也不局限于七月半,在许多其他民间节日也放河灯。在有些地方,病愈的人及亲属制作河灯投放,表示送走疾病灾祸,时间自然不限于七月半。"纸船明烛照天烧",就是对这一习俗的生动写照。江河湖海上的船只,见到漂来的灯船主动避让,以示吉祥。也有的少女对此习俗特别钟爱,往往在节日夜间,自制小灯笼并写上对未来美好生活的祝愿后,让其顺水漂流。

放河灯中的"河灯"又名"荷花灯",一般做成荷花瓣形,在灯笼里点上蜡烛,放在江河湖海中,任其漂流。在塑料薄膜面世之前,人们用芭蕉叶、桐树叶、薄木板、竹片和油纸做成各种形状的油灯、烛灯。现在制作河灯并不复杂,多采用环保透光性强且防水的材料,制作方法是将彩纸剪成正方形,然后将四角折向中心,再将四角打开,几个步骤下来,一个漂亮的河灯就做成了。用纸杯制作河灯的方法更简单,只要在四周粘上纸瓣,就是一个简单的河灯。也可用各色的蜡光纸糊制,把一张正方形的蜡光纸的四角粘起来即可。灯芯一般都是用麻绳做的,因为这样的灯芯,一方面是燃烧时间长,另一方面是抗风性也强。

河灯的制作材料、工艺没有特别之处，关键一点是河灯必须适合在河水中漂流，且保证河灯在水流中平稳漂流时保持灯火不灭。一开始，人们用西瓜皮作底，棉花作芯，蘸上菜油，点亮后放入河中；精致一点的则用轻质木料刻成船形，中间点上蜡烛放入水中漂浮而去。河灯工艺有高低之分，过去由店铺大户制作的比较精美的船形河灯上亭台楼阁俱全，其上写有店铺名号或喜庆词语，如"风调雨顺""年年丰收""五谷丰登""国泰民安""汶水流长"等以示吉祥。在放河灯前，将河灯底部浸入蜡烛油中，然后趁蜡油没有凝固时放在沙子上，这样有些沙子就粘在了河灯底部，这样就增加了河灯的重量，不容易被吹翻。

随着制作工艺的更新完善，现在河灯也有的用木板做底，灯体为防水纸，底座上放灯盏或蜡烛。至于河灯的形状，可谓是百人百样，很少雷同。有的模仿动物，如鱼灯、兔灯、天鹅灯、青龙灯、螃蟹灯等；有的取材于植物，如荷花灯、西瓜灯、石榴灯等；也有反映自然天象的，如月亮灯、星星灯等。五花八门，应有尽有，让观者目不暇接。夜幕降临，人们将一盏盏各种形状、五颜六色的河灯点亮置放河中或湖中，让其顺水漂流，以此祭奠先人，寄托对亲人的缅怀之情，表达对幸福平安的祈求，希望顺着载灯流水，祛除疾病灾祸，子孙幸福安康。本来漆黑一片的河面上突然亮起漂动的灯火，一个个制作精美、造型各异的河灯，顺着水流向远方漂去，那星星点点的灯光，像天上的繁星一般，把河水照得通明。灯火在河上随着流水波动，五彩缤纷，层次错落，让人惊叹不已。

磁器口古镇历来有放河灯的习俗。因坐落于嘉陵江畔，更有着得天独厚的地理优势。一般为每年放两次，一次在"鬼节"期间（每年农历七月初十至十五），另一次在春节庙会期间。每到这两个时间段，在磁器口码头，放河灯的、看热闹的人便早早吃罢晚饭，一齐涌向嘉陵江边准备着河灯竞放。各式各样的河灯堆满嘉陵江岸边，放河灯的人络绎不绝，五颜六色的河灯几乎把江面铺满，煞是好看，蔚为壮观。附近十里八乡的村民都赶来观看，夜晚磁器口放河灯的江边便拥有当地非常热闹欢乐的夜景了。

天色渐渐暗下来，人们纷纷点亮河灯，选择一处水流较平缓的岸边，将河灯放到水面上，静静地伫立岸边目送自己的河灯随波逐流，渐行渐远。一时间，嘉陵江中水映灯影，灯耀波光，忽明忽灭的灯火似点点繁星，似双双明眸在碧波上跳跃、漂移。河岸上，放灯的人们内心满怀虔诚，默默祈祷着河中属于自己的那盏灯、那颗星、那双眼睛，能绕过险滩、越过暗礁一直亮到崭新的明天，到达理想的彼岸。放灯的人中有寄托对亡人思念的亲人，有祈求子女在外平安的老人，有希望老人病体康复的孝子，有盼望丈夫远行早归的妇人，有祝福儿女金榜题名的父母，更有祝愿早日获得甜蜜爱情的少女、小伙。总之，一盏灯就是一颗心，就是一个希望。滔滔江水载着盏盏河灯漂向远方，正是水与火的相亲相拥。这种融合，将人们对亲人、对未来的美好希望与祝福送往遥远的天际，让天地作证，让思念和祝福永恒。

农历七月十五日为传统中元节，俗称"七月半"，是祭奠祖先和已故亲人的节日。旧时的磁器口家家户户团聚，进行多种形式的祭奠活动，放河灯是其中颇具特色的活动之一。过去的磁器口放河灯也有一套规定的程式：事先推举出一位德高望重的老者主持"放漂"仪式，主持人将准备好的香烛和纸钱摆放于方桌之上，随后取出糕点等各式贡品，放到方桌中间，祭奠先人，男女老幼则分立老者身后；仪式开始时，老者先点亮桌上的蜡烛，再将纸钱、贡香等点燃放在桌前地面上，然后拍净身上的尘土，神情肃穆面对水面，磕头作揖，嘴里还喃喃自语，祈福平安；待仪式结束后，放河灯才正式开始。长者的河灯不管制作工艺优劣，必先放入水中漂流，以表示对年长者的尊敬。为欣赏每一盏河灯的造型和风格，人们并不急于把所有的河灯同时放入水中，而是眼看一批摇曳生姿的河灯漂远后，再将另一批河灯放到水面漂流。这样，每次放河灯总要持续两三个小时，延长了人们的欢乐幸福时光。随着时代的发展和社会的进步，近些年来，磁器口当地居民放河灯时，早已摒弃了旧时的封建迷信色彩，仅仅把它看作一种对民俗文化的传承，同时为节日增添欢乐喜庆的气氛，不仅原有的放灯仪式大为简化，河灯的制作材质也多采用可降解的环保材料，更符合现代人崇尚自然环保的理念。

三 渐行渐远的民间艺术

1　川剧座唱

川剧座唱又叫"唱玩友""打围鼓",是川剧爱好者一种较为松散的演出形式。其演出活动多在老茶馆进行,演员一般不化装、不穿戏服、不需过多的肢体动作,且多为"折子戏"(大戏片断)。"玩友"座唱多为自娱自乐,或娱乐受众,或切磋演唱技艺,此外还参与迎送宾客、节日庆典、红白喜事等社会活动,广受群众特别是中老年人的喜爱和欢迎。

川剧是中国戏曲宝库中的一颗光彩照人的明珠。它历史悠久,早在唐代就有"蜀戏冠天下"的说法。明末清初,由于各地移民入川,以及各地会馆的先后建立,使多种南北声腔的剧种也相继传播于四川各地,并且在长期的发展演变中,与四川方言土语、民风民俗、民间音乐、舞蹈、说唱曲艺、民歌小调融合,逐渐形成具有四川特色的声腔艺术,从而促进了四川地方戏曲剧种——川剧的发展。川剧具有强烈的感染力与教化作用。有句行话叫作"看了《情探》恨负心,看了《回营》不离婚,看了《劝夫》戒嫖赌,看了《杀狗》敬双亲"。磁器口古镇历来盛行川剧。新中国刚成立时,古镇上建有新民川剧院,后又改为群力川剧院,能上演川剧大戏500多部,在重庆川剧界颇有影响。

川剧表演 1（图由磁器古镇口管委会提供）

川剧表演 2（图由磁器口古镇管委会提供）

川剧在磁器口的发展过程中，与当地风俗人情相结合，逐步发展成为一种川剧清唱的独特形式，省去川剧的音乐、服装、化装等一些复杂的形式化的东西，利用清唱来表现人物特点和故事情节，这种形式简洁明了，深受大众喜爱。在社会各界的积极关心下，磁器口古镇成立了川剧座唱中心，聚集了一大批川剧爱好者，他们的表演成为磁器口古镇一道亮丽的风景线。锣鼓声声，丝竹悠悠，给磁器口新街增添了繁华景象及欢乐气氛，为川剧文化的传承做出了较大贡献。磁器口的川剧座唱中心是重庆市保留下来的少数民间演出剧社之一。该中心每月举办两次川剧演出，每至演出时，台上人物或唱、或念、或舞、或打，台下坐满观众，每到精彩处，观众击掌叫好，气氛十分热烈。为扩大磁器口川剧演出的影响力，目前，磁器口古镇成立了"磁器口票友会"，固定在磁器口古镇宝善宫茶文化馆开演，包括川剧座唱、民乐演奏、曲艺表演等项目。

2　古镇评书

评书又称"说书""讲书",是我国劳动人民创造的一种传统口头讲说艺术表演形式,属汉族曲艺的一种。通常由一人演说,通过叙述情节、描写景象、模拟人物、评议事理等艺术手段,演绎出历史及现代故事。评书历史悠久,战国时,诸子百家游说诸侯,经常旁征博引,用故事做比喻,后来形成许多脍炙人口的成语,像"怒发冲冠""刻舟求剑""滥竽充数"等,实际上这些成语故事就是早期的评书。

近期,一座具有浓郁巴渝特色、重达 300 公斤的"说书人"铜铸雕塑在磁器口钟家院门口亮相,且被命名为"磁器口故事"。雕塑塑造的是一位脸上布满深深皱纹、身着长衫布鞋的说书老人,他右手拿惊堂木,左臂高举,食指上翘,正张口绘声绘色地讲着评书故事。四方桌、盖碗茶……雕塑刻画的说书场景栩栩如生。其实,很多磁器口的原住居民都有听评书的爱好,说书人以地道的重庆方言诉说着当地的故事,成为了方言文化的重要组成部分。从 1953 年到 1958 年,重庆十大民间艺术家之一的说书大师程梓贤就曾在磁器口说书。磁器口最早的评书表演形式是一人坐于桌子后面,以折扇和醒木为道具,说书人身着传统长衫,说演评书故事。发展至 20 世纪中叶,多为不用

大众听评书（图由磁器口古镇管委会提供）

说书人（图由磁器口古镇管委会提供）

桌椅及折扇、醒木等道具，而是站立说演，衣着也不固定为长衫，在艺术上形成了一套自身独有的程式与规范，通常以第三人称的叙述和介绍为主。传统的表演程序一般是：先念一段"定场诗"，或说段小故事，然后进入正式表演。正式表演时，以叙述故事并讲评故事中的人情事理为主。如果介绍新出现的人物，就要将人物的来历、身份、相貌、性格等的特征作一段描述或交代；如果赞美故事中人物的品德相貌或优美的风景名胜，又往往会念诵大段对偶句式的骈体韵文，富有语言的美感和节奏感；如表演到紧要处或精彩处，常常又会使用排比重叠的句式以强化说演效果。在故事的说演过程中，为了吸引听众，每到故事情节的高潮或精彩段落，说书人常常会卖关子，"欲知后事如何，且听下回分解"，让观众欲罢不能。其表演滔滔不绝、头头是道而又环环相扣，引人入胜。表演者要做到这些很不容易，须具备多方面的素养。就像世人所说的那样："世间生意甚多，唯有说书难习。评叙说表非容易，千言万语须记。一要声音洪亮，二要顿挫迟疾。装文装武我自己，好似一台大戏！"

20世纪七八十年代，磁器口古镇乃至整个山城评书盛行，茶馆场场爆满，大街小巷，田间地头，处处都是说书人的声音。当年，评书艺术家徐勍"两肩挑一嘴"说评书，名动巴渝。《一双绣花鞋》《红岩》等评书在磁器口古镇乃至在山城街巷、城里乡村广为流传。徐勍对自己几十年的"口舌人生"曾作诗自勉：少小失慈母，自强一顽童。艺海苦作舟，跟党拜工农。为人民说书，摇唇费心囊。书山勤为径，直身攀高峰。正是这种精神，成就了徐勍艺术上的成就。

随着经济的迅速发展、生活节奏的加快，电视网络兴盛起来不过短短30年，延续几百年的评书在山城迅速走冷，面临衰微：老一辈的说书人日渐老去，而新一代的说书苗子尚未长成。没有新作，没有新人,说书的阵地也屈指可数。如今,仅在磁器口古镇等为数不多的几个地方还能听到传统评书。重庆著名的说书人曾令弟从2014年开始,每个星期五的下午两点,都会在磁器口的茶馆里开讲传统评书。曾令弟师承著名评书艺术家程梓贤,从事专业评书演讲30余年,坚持说书,长期蹲馆,连续演讲《玲珑带》《大明奇侠传》《三侠五义》《说岳》等30余部小说,善解人情故事,说书节奏感强。他编讲创新的评书段子,因为贴近生活,贴近时代,还受到了许多青少年的喜爱。

3 车幺妹

"车幺妹"原名"小车舞",以前一般在旧历正月闹花灯时表演。车幺妹最初在北方盛行,因为黄河泛滥和虫灾,北方灾民流落四川。他们通过表演车幺妹四处拜年,讨取生活费。后来,这种喜庆热闹的表演形式被许多巴蜀民间艺人学会,于是车幺妹便在巴蜀流行起来,至今流传民间数百年。巴蜀民间的车幺妹又称"车灯""幺妹灯""车车灯",或称"彩莲船""跑旱船"等。

磁器口古镇传统的车幺妹表演者以前为3人:1人饰幺妹,1人饰小花脸,1人饰车夫或艄翁;或是5人表演:拉车人、推车人、坐车人、2个帮车人;后来发展到7人表演,增加2个帮车人,组成4个手挂灯笼的"报子"。表演技巧可概括为一句:"幺妹要稳,花脸要逗。"

磁器口车幺妹表现的内容主要有三种:一是逃荒,表现旧时人们因家贫走口外逃荒的情景,即姑娘坐车、老太太拉车、老头推车;二是娶亲,即新郎拉车、新娘坐车、小叔子和媒婆帮车、老头推车;三是赶庙会,即老太太拉车、老头推车、姑娘坐车、两个男青年帮车(一人扮俊小生,一人丑角装扮),在行进中舞蹈,不时有插科打诨的对话。

车幺妹（图由磁器口古镇管委会提供）

演出时，一人（男女皆可）扮幺妹"坐"于彩船中，手把船沿，随唱词做出前后仰俯摇摆动作，面露娇羞忸怩状。另一人则扮船夫，手执彩扇按曲调节拍作划船状，边歌边舞，还有传统的板式打法和唱腔作帮腔，向你娓娓道出一个个生动诙谐的故事，也有宣传计划生育、走娘家、赶集的。舞蹈动作有：起车、搬车、扶车、快行、慢行、上坡、下坡、撞车等。"屁股墩拉车"和"跪步拉车"是主要的表演动作，用以表现小车上山坡时的艰辛。表演时，拉车人的身体重心逐渐前倾，套绳被拽得直直的。拉车人的动作十分讲究，肩部要松弛，脚要快起慢落，脖子要梗，并要耸肩提胯，全身各部位按节奏轻松自如地上下颤动。突然，小车被卡住，拉车人仰面摔在地上，然后屁股坐地或双膝跪地，双手用力收回拉车的绳子，两个帮车人同时走至车两旁扶车，推车人、坐车人一起用力使小车恢复原状，至此表演达到高潮。

磁器口车幺妹表演的主要道具是无底彩车或彩船。彩车的制作方法：先以圆木棍扎成三脚架，四周围上彩布，中间空出站一人的位置，车两侧布上画车轮图形，车把上拴一条彩绸让推车人挂在脖子上，车前再拴一条彩绸供拉车用，车前端扎一双假腿脚，坐车的演员进入车内后，使人看上去好像盘腿坐在车上一样，车上还要扎彩花彩绸，增加美感。彩船先用篾条扎成船骨架并以彩纸裱糊，后在船篷四角挂花灯或彩球，于船底边缘围下托至地的绿色或蓝色绸布，船中系带，起固定之用。彩船配纤绳、竹篙或木桨。花篮、花灯为彩船陪衬，花灯中放蜡烛或小电灯，有引路作用。有的还装有彩灯、明镜和其他装饰物。车幺妹表演以锣、钹、镲等乐器伴奏，使舞蹈更富有古朴风格和乡土特色。

20世纪50年代，部分重庆老艺人在茶社平台上表演"车车灯"，配上道具"四叶瓦"竹板和伴奏乐器二胡等，并把腔调中的"平句"改为"上下句"结构，形成多达百十余句用于演唱故事及人物的固定唱词，因此又称为"车灯调"。至此，车幺妹说唱曲调发展为成套音乐，并催生舞台表演的出场、亮相、台步、身段等的程序化。

随着时间的推移，"车灯"艺人面临着艰难的处境：一方面，"车灯"对于艺人自身的素质要求颇高，比如清新的嗓音、敏捷的身段等；另一方面，传统艺术又受到多元娱乐方式的严重挑战，"车灯"濒临后继无人的境地。值得庆幸的是，2008年，"车灯"被正式列入第二批国家级非物质文化遗产名录。随着非物质文化遗产保护力度的逐渐加大，国家对非物质文化遗产的各项抢救和保护工作步伐也逐渐加快，并专门为非物质文化遗产项目配套了保护资金，为"车灯"的保护工作提供了有力支撑。

4 唐老先生和莲花落

莲花落是一种说唱兼备的曲艺艺术,多为一人以自说自唱形式表演。表演者两手分执大、小竹板,大竹板打板,小竹板打眼,相互配合,有板有眼。表演者伴随竹板打击节奏进行说唱表演,因其常用"莲花落,落莲花"等语句做开句或尾声,故得名为"莲花落"。莲花落用方言说唱,委婉动人,通俗易懂,贴近生活,生动风趣,寓教于乐。莲花落宋代始流行于民间,在随后的元、明、清戏曲资料中都有记录。清乾隆以后,出现了职业艺人,流传范围也进一步由北方扩散至南方各地,唱词加上竹板的"噼噼啪啪",有种与生俱来的节奏感,迅速成为广大群众喜闻乐见的民间娱乐形式。

莲花落也曾是磁器口古镇一道亮丽的民俗艺术风景。提起磁器口的莲花落,就不得不提起已经驾鹤西去的唐森棣老人,他是磁器口家喻户晓的莲花落掌门人。唐老先生自幼居住在磁器口,读过私塾,经营过煤炭等生意,还曾入过"袍哥会",新中国成立后公私合营进入燃料公司,于1983年退休。1985年春节,唐老重新走上街头,自编自唱,打起了莲花落。转眼之间,唐老先生已在古镇打了30年的莲花落,还接受过中央电视台的专访。在某种程度上,他见证了古镇历史变迁。

唱莲花落改变了他的命运，他从退休后清闲的老人转变为承担文化传承重任的民间艺人。

唐老先生似乎天生就有"艺术范儿"，自小就喜欢模仿艺人演唱，自学过箫、笛、鼓等多种乐器，但最让他着迷的还是莲花落。自20世纪70年代开始，他便有意识地搜集古镇历史资料，编写莲花落唱词，可惜的是"文化大革命"时他编写的莲花落唱本被毁。退休后，他发挥余热，收集最新的唱词资料，自费订阅多种重庆地区的报刊，看报剪报已成为他生活中不可或缺的一部分。一旦收录了新鲜事，唐老先生就试着把它变成唱词，并在集市、街口、码头、茶馆等地义务表演。

唐森棣老先生表演莲花落（熊楚萍摄）

他每天身着长袍，打着竹板在嘉陵江边唱莲花落，向中外游人说唱古镇历史文化。他的唱词选材不仅限于磁器口古镇，还有巴渝历史文化和风土人情。凭着对莲花落的执着热爱，他自己编写了有关历史传说、人文掌故、城市生活等内容的莲花落唱词累计近十本，共计10余万字。

自1998年，当地党委、政府将磁器口古镇保护开发建设正式提上议事日程，唐老先生听说党委、政府要发掘古镇文化，打造古镇旅游品牌，他更坐不住了，每天起早贪黑，白天背上干粮水壶，下水码头，上歌乐山，走街串巷收集磁器口的风土人情，夜晚则在灯下整理资料写唱词，并坚持天天上街演唱莲花落，雷打不动，风雨无阻。

"各位同志，您请听，听我从头说原因，此书不唱别一段，唱一唱古镇的古与今。九宫十八庙，青草坡的瓷器，黄角坪的老宅，聚森茂的酱油，椒盐花生，坛子肉，千张皮，毛血旺，乐天茶馆，豆瓣鱼……""好个中国重庆城，两江环抱四岸新，四周群山着平溪，历史名城揽要津……"古镇风物和巴渝风情从老人口中细缓流出，尽管八旬老翁吐词有些浑浊不清，但却与磁器口古镇一样有厚重的历史感。他的演唱由于带有浓厚的巴渝地方特色，生活气息浓郁，受到南来北往游客的普遍喜爱，甚至许多到磁器口旅游的年轻人和外国友人也慕名而来，纷纷主动要求与他合影留念。这些事实充分说明，他已经成为了传递古镇文化的友谊使者。

唐老先生生前最大的愿望就是招个关门弟子，学习传承莲花落，同时把自己的莲花落唱本正式编辑出版成书，把磁器口和重庆的民俗文化流传下来，弘扬开去。但是这一愿望没有实现，不得不说是一大憾事。曾有种说法认为：云南有丽江、江苏有周庄、重庆有磁器口。将磁器口与丽江、周庄相提并论，诸如此类的历史文化古镇，往往都被视为民间艺术传承保护的高地，但是现状却难如人意。从全国范围来看，民间艺术的处境都较艰难。在各种流行文化元素的强力冲击下，传统民间艺术普遍陷入生存发展的困境。所以，我们更应该本着客观、科学、礼敬的态度对待优秀传统文化艺术，积极做好各种历史文化遗产的搜集整理和保护及传承工作，提升优势特色文化品牌，大力弘扬优秀传统文化，留住乡韵，记住乡愁，使它们成为重庆的文化标签和文化名片，延续巴渝文化的历史文脉。

附录一段唐老先生的莲花落词：

老汉今年八十三，胡子越白心越欢。
有朝得到能工手，手持莲萧天下游。
南京好耍南京走，北京好玩北京游。
南北二京好朋友，今天来到磁器口。
老街一条石板路，千年古镇情悠悠。
白崖千年兴闹市，建文龙隐水码头。
江氏兄弟开磁厂，张家父子造酱油。
孙家一门三举子，黄段二人做翰林。
冯大将军逆汪像，华子良脱逃在这头。
肇中获得诺贝尔，世界华人扬眉头。
政府保护磁器口，古镇人民争上游。
挖掘历史好文化，子孙万代都受用。
……

5 春台戏

清代顾禄《清嘉录·春台戏》云:"二三月间,里豪市侠,搭台旷野,醵钱演剧,男妇聚观,谓之春台戏,以祈农祥。"蔡云《吴歈》云:"宝炬千家风不寒,香尘十里雨还乾。落灯便演春台戏,又引闲人野外看。"春台戏是旧日民间的风俗,一般人口聚集地每年都要聚演春台戏,也就是人们所说的"唱大戏"。提起春台戏,就不得不说春台会。春台会是我国农村每年农历新年后举行的集贸会,每个地区都有约定俗成的特定举办时间。春台会举行期间,远近乡里的人们都要到集镇赶会。春台会原本是乡民共同喜迎新春的庆祝活动,顺带有农资选购、商贸交易、物资流通等社会功能。随着时代的发展、社会的变迁以及商贸业的发达,逐渐形成群众喜闻乐见的娱乐、交易、民俗文化盛会。

在春台会期间集中推出的春季演艺项目就称为春台戏,常于田间街头空旷之地搭台演出。由于春台戏都是露天演出,演职人员往往是临时拼凑,观众主要是普通百姓,所以亦称之为"草台班",意即比正式"科班"低一档次。有部分班底实力较为薄弱,主角知名度不高,演出阵容不强,道具简陋的春台戏班,经营不易,营业艰难,且还常常受到社会各种势力的压榨和排挤,所以这些戏班里的演职人员生活非常清贫。

　　大型春台戏通常由商业行帮、宗族和会馆等负责向社会各界筹款，请本地或者外县有名的戏班子来唱春台戏。20世纪20年代初，磁器口的一些寺庙、会馆、商业行帮常请江津庆隆班、合川协力社（白菊花班子）来唱春台戏。抗战前，磁器口还保留着唱春台戏的民俗传统，每逢春节到来之时，磁器口社会各界都要推举会首，负责向社会各界筹款，请外县的川戏班子来唱春台戏，为的是祈福平安，喜迎新年。春台戏往往要演出1～2个月，不但深受本地和邻近乡镇群众的喜欢，还吸引江北、北碚等地的人远道前来观看演出。演出期间，磁器口的大街小巷人头攒动、摩肩接踵，戏台前人山人海，场面热闹非凡。20世纪30年代的一首《竹枝词》写道："年年正月唱春台，妇女人多挤不开。笑煞村庄多爱戏，幺儿幺女一齐来。"可见春台戏在当时非常受群众的欢迎。

6 金钱板

金钱板是四川、贵州等地汉族的说唱艺术。其大概发源于300多年前的巴蜀各地,后逐渐流传于云南、贵州等西南地区。表演者手拿三块楠竹头做的板子,边敲边打,边说边唱,边唱边演。金钱板以楠竹或斑竹制成,共3块,每块长30厘米、宽3.3厘米、厚约0.5厘米,既作伴奏乐器,又作表演道具,为使敲打竹板的声音更动听,其中两块中嵌有小铜钱或金属片,故名"金钱板"。

金钱板习惯上由一人表演,打、唱、说、演结合,说中有唱,唱中有说,唱腔近乎川剧韵味。那通俗易懂却妙趣横生的唱词颂扬真、善、美,鞭挞假、恶、丑,传播生活常识,规劝浪子回头,弘扬社会正气。艺人用右手拿着的一块板有节奏地打着左手拿的两块板的不同部位,其响声给人一种清新且铿锵有力的节奏感。击打一两分钟,艺人在金钱板的节拍下开始演唱。艺人多用方言土语以唱代说。唱词要求严格,要句句押韵,并要一韵到底,中途不得转韵。每句唱词,多是七字句、十字句,亦可用长短句,在语言上通俗易懂,形象生动,铿锵有力,通常用四川方言、歇后语、谚语和象声词来表达,但又要做到俗不伤雅。

与评书、莲花落等说唱艺术一样,金钱板艺人最初一般也在人多

金钱板表演（游江摄）

的乡场、闹市路口表演，拉扯场子招揽顾客。因喜欢的人越来越多，便逐渐发展到进入茶馆表演。加之道具简单，就是几块竹板，一名演员，机制十分灵活，非常适宜在茶馆中进行演出。所以，后来金钱板就主要在茶馆中进行演出了。在金钱板表演艺术的发展过程中，因艺人不断发展创造，其表演技法不断丰富完善。还因技法特点的不同而分成了"花派""清派""杂派"等几个不同流派。其中，"花派"主要突出板式击打技巧与眉眼身法，表演者常常将三块竹板呼来耍去，模仿击打出大自然的各类声音，千变万化，令人称奇；"清派"金钱板主要注重说唱的咬字吐词，要字正腔圆、中气十足、节奏稳健；而"杂派"则基本上兼"清派"与"花派"之长，既注重板式打法又在说唱中注意节奏变化，灵活自如、唱中带说、说中带唱，长短句子交错而行，快慢自由。

金钱板的传统书目有《三国演义》《水浒传》《游江南》等长篇的"长

条书",还有取材于民间寓言、传说、笑话的二三十句的小段,叫作"诗头子"。《武松赶会》《武松闹庙》《武松打店》《瞎子算命》《货郎子》《绕口令》《十八扯》《老实话》《小菜打仗》《俩相帮》《圈套》《激浪丹心》《洪湖凯歌》《双枪老太婆》《偷鸡》等传统书目最能吸引听众。

过去,磁器口的大小茶馆多有金钱板表演,磁器口金钱板传人江礼元以前曾长期演唱自编的《千年古镇磁器口》《江风茶道馆》等金钱板唱词。但在历史的变迁过程中,金钱板这门民间表演艺术日渐式微,偶尔逢节庆或周末,在有些茶馆还能欣赏到金钱板表演。目前,有关部门正积极努力挖掘、保护,力争让这门传统艺术焕发出新的光彩。

7 木雕

木雕，是用木头经过民间工匠的雕刻而形成的一种具有一定艺术品位的木器。人们选用上好硬木，按照主人的设计、喜好及自己的理解，化腐朽为神奇，将一块块平常的木料雕刻成花鸟虫鱼或传说故事，以表达一种趋吉避凶、喜庆祥和之意。磁器口古镇目前仍保留着几家这样的木雕坊。

木雕历史悠久，可上溯到约7000年前的新石器时代。隋唐时期，木雕艺术作品进入社会生活，其技法也更加成熟。在宋代，木雕艺术大量进入建筑装饰领域，成书于宋崇宁二年（1103年）的李诫的建筑学专著《营造法式》，有多篇建筑木雕装饰技法与艺术的记载。明清两代是木雕艺术真正辉煌的时期。

磁器口宝轮寺的大雄宝殿为明代建筑，那里仍可见到明代木雕。磁器口过去几乎家家房屋雕梁画栋，户户家具雕饰精美，现存幸福街21号"渔樵耕读"与39号"双龙送福"木雕当为精品，汲水巷、宝善宫也有少量木雕幸存。磁器口存世的木雕古家具颇多，可以欣赏中国木雕艺术的魅力。磁器口的木雕作坊也在逐渐增多，木雕这门传统工艺仍在代代传承。

木雕（游江摄）

建筑雕刻 磁器口古镇作为重庆保留得较好的传统民居旧街区，其民居建筑装饰保留了传统木雕古典艺术风格。雕饰门楣、屋椽、窗格、栏杆、飞罩挂络等，其表现形式为浮雕、镂空雕刻、立体圆雕和浅雕。这些木雕装饰，既古朴典雅，又富丽华贵，不仅能使观赏者赏心悦目，还能提高艺术修养。

家具雕刻 磁器口民宅至今还保存着一部分明清时代的木雕家具和仿古家具，如台、凳、桌、椅、榻、床、几、案、屏风等，多由山城产量较高的樟木、楠木、柏木雕制而成。这些家具古拙秀雅，雕刻精细，具有独特的山城风格。

工艺品雕刻 磁器口的木雕工艺品，是娴熟、精致的工艺技术与民族特色艺术相结合的产物。包括纯木制品、木雕装饰的工艺品。分纯观赏性的木雕陈设工艺品和木雕实用工艺品两类。其可制作的内容广泛，如木梳、发簪、落地灯、壁灯、漆器屏风、木刻屏风、镜架、笔筒、木刻钟座，以及人物、山水、飞禽、走兽、花卉、鱼虫等。用木雕配制装饰的对象很多，如玉器、牙雕、景泰蓝、花瓶、花盆、玛瑙、翡翠、珠宝首饰、瓷器等。这些艺术品配以木雕，烘托了主体，增强了艺术品的整体观赏价值，增添了艺术魅力。将这些木雕工艺品放置于几、座、案、架上，令人赏心悦目，陶冶性情。

磁器口木雕讲究技法。木雕技法是木雕创作者对于形象和空间的处理手法。这种手法主要体现在削减传统意义上的雕与刻。确切地说，就是由外向内，一步步通过减去废料，循序渐进地将形体雕刻显现出来。在一次次的减法造型中，雕刻者不仅体会到作品在"脱壳而出"时的快慰，而且还能感受到各种刀法产生的特殊意韵。

刀法好比书法、绘画中的笔触，它能起到加强、丰富作品艺术效果的作用。优美的笔触之所以形成，是技术达到了纯熟的表现。时常有人在临摹一张好画时，感到最难的莫过于笔触，因为笔触是作者的心灵与技巧相结合的产物，是任何模仿都难以体现的东西。所以木雕艺人只有掌握技巧并不断地积累经验，才能练成理想的、真正属于自己的刀法。木纹与雕痕，光滑与粗糙的搭配，凹面与凸面衔接，用圆刀排列，平刀削切……这些所体现的艺术技巧，其魅力是其他材质的雕塑无可比拟的。运刀的转折、顿挫、凹凸、起伏，都是为了使作品更加生动自然，以充分体现木雕的材质美，体现丰富的雕琢美。

磁器口木雕工艺的技法一般分凿粗坯、掘细坯、修光、打磨、刻毛发、刻饰纹、着色上光、配置底座等步骤。

凿粗坯 凿粗坯是整个作品的基础，它以简练的几何形体概括全部构思中的造型细节，要求做到有层次、有动势，比例协调，重心稳定，整体感强，初步形成作品的外轮廓与内轮廓。凿粗坯的基本要领是，凿时从上到下，从前至后，由表及里，由浅入深。从上到下，就是从头部开始做到脚跟；从前至后，就是先凿前身，再凿后背；由表及里，就是从木料表面开始，一层层向内剥进；由浅入深，就是先凿好浅的地方，再凿深的地方。凿粗坯时还需注意留有余地，如同裁剪衣服，要适当地放宽。民间行话说得好："留得肥大能改小，唯愁脊薄难复肥；内距宜小不宜大，切记雕刻是减法。"

掘细坯 先从整体着眼，调整比例和各种布局，然后将人物的具体形态及五官、四肢、服饰、道具等逐步落实并形成，要为修光留余地。这个阶段，作品的体积和线条已趋明朗，因此要求刀法圆熟流畅，要有充分的表现力。掘细坯中的镂空技巧，要求以纵纤维组合镂空，镂去多余的部分。要运用带筋法，即在作品的擎空易断的部位留下一小块料使其与临近的部位牵附，待作品完成后再用薄刀密片法把牵附之筋去掉。

修光 运用精雕细刻及薄刀密片法修去细坯中的刀痕凿垢，使作品表面细致完美，这是修光的目的。修光要求刀迹清楚细密，或是圆转，或是板直，力求把各部分的细枝末节及其质感表现出来。

打磨 根据有些作品需要，将白坯木雕用粗细不同的木工砂纸搓磨得细润光滑。打磨时要求先用粗砂纸，后用细砂纸；要顺着木纤维方向反复打磨，直至刀痕砂路消失，显示出美丽的木纹；要注意保持作品轮廓清晰、线条流畅。

刻毛发、饰纹 用三角刀刻画毛发、饰纹时，要求运刀快、准，粗细均匀，一丝不苟。

着色上光 着色不仅仅是为了弥补某些材料的不足或缺陷，还能起到丰富材料质感美和作品形式美的作用。因此在作品着色上要酌情而定，要求尽量体现出木纹的美。色泽要深沉明快，符合天然木质的种种美感。上光的目的是滋润木质，使作品锦上添花，同时也起到防污作用，以便长期保存。因此着色时要求均匀渗透，亮而不俗。

配置底座　底座不仅是主体的依托，也是雕刻造型中不可或缺的一部分。因此要求底座的形状尺度要与作品的内容形式相辅相成。充满曲线、生动活泼的作品，可借简洁朴素的底座衬托，而造型简洁或肃穆的作品则可以在底座上稍作雕饰。总之要注意互相之间的比例协调，注意色调上的相互烘托，切勿本末倒置。

8 面具

磁器口古镇的几家脸谱面具坊，颇有一些地方特色。常有外国游人或小孩驻足观看，挑个中意的戴在脸上，还真有些像模像样。如戴个孙悟空的脸谱面具，顿时使你具备猴子的灵动与顽皮，颇有几分猴气；如戴个黑脸包公，则使你不仅威风八面，而且还带有一身正气；当然，要是你戴上个红脸关公，顿时会显得你武艺高强，而且还带有侠胆忠义之气哩。

脸谱面具的历史也非常悠久。在原始社会的图腾崇拜中，人们就开始制作并使用脸谱面具了，古人用兽皮、树木、泥土等制成面具戴在脸上，表达对神的某种敬意或是让神的灵性附在脸谱上，从而使自己具有某种超自然的法力。但那时主要在祭祀时为部落酋长或巫师所用。春秋战国时期的傩祭之俗也都使用脸谱面具，但大多是祭祀所用。据五代后晋刘昫等人编纂的《旧唐书》载："歌舞戏，有《大面》……《大面》出于北齐，北齐兰陵王长恭，才武而面美，常著假面以对敌……"说明我国在南北朝时期已出现了戴面具的艺术形式。经过元、明戏曲艺术的大发展后，脸谱面具就成为一种专门的艺术并具有了鲜明的地方色彩。如贵州的傩戏脸谱面具、西藏的藏戏脸谱面具、北京的京剧

面具（游江摄）

脸谱面具、天津的泥塑脸谱面具、广东的潮州脸谱面具等。

　　脸谱面具的颜色丰富多彩，但其主色具有鲜明的象征意义，显示了人物的性格特征。一般而言，红色表示忠勇正义，如关公；黑色表示刚正直率，如包公；白色表示阴险奸诈，如曹操；蓝色表示刚强骁猛，如窦尔敦；紫色表示刚正稳练，如杨六郎等。当然，一个人的脸谱面具在表演时也并非一成不变。在川剧中就专门有"变脸"这一门特技。演员为表达人物思想感情的发展变化，在举手投足之间即把一种脸谱面具换成另一种脸谱面具。有的高手甚至能在一口气中变出多达10个脸谱面具，委实令人惊叹。

　　现在，随着科技的发展，人们生活娱乐的方式方法发生了很大变

川剧变脸表演（游江摄）

化，戏曲这种古老的文艺形式受到了很大挑战，伴随祭祀和戏曲艺术发展而形成的脸谱面具艺术也大受影响。"几度夕阳红"，但愿有更多人来关心保护这门古老艺术，使这门古老艺术能代代传承下去。

9 剪纸

剪纸又叫刻纸,是一种镂空艺术,是我国传统的民间艺术之一。所谓剪纸就是用剪刀将纸等材料剪成各种各样的图案,如窗花、门笺、墙花、顶棚花、灯花等,在视觉上给人以透空的感觉和艺术享受。剪纸的载体有纸张、金银箔、树皮、树叶、布、皮革等,形成了"简中求繁、繁中求和、和中求殊"的艺术风格。

剪纸作品(图由磁器口古镇管委会提供)

剪纸艺人（游江摄）

剪纸艺术有它自身的形成和发展过程。在公元前的春秋战国时期，当时人们运用薄片材料，通过镂空雕刻的技法制成工艺品，即以雕、镂、剔、刻、剪的技法在金箔、皮革、绢帛，甚至在树叶上剪刻纹样。这种剪刻工艺的出现为民间剪纸的形成奠定了基础。真正意义上的剪纸应该从纸出现后才开始。汉代纸的发明促进了剪纸的出现、发展与普及。到南宋时，便出现了专门以剪纸为业的艺人。到了明清时期，剪纸就成了我国民间一项十分普遍的手艺，但凡姑娘、媳妇都会几手。剪纸普遍应用于人们婚丧嫁娶、节日庆典、祭祀以及房屋、家具和服饰等的装饰。其题材范围也十分广泛，戏曲故事、神话传说、花鸟虫鱼和与日常生活相关的事物等，均可作为剪纸作品所描绘的对象。剪纸的品种也日渐丰富，有窗花、墙花、顶棚花、灯花、门笺、喜花、服饰花、鞋帽花等众多门类。

在剪纸艺术的发展中，因为地域文化的不同，形成了各自不同的地方特色。如北方的剪纸天真浑厚、粗犷简洁；而南方剪纸就相对秀美雅致。民间剪纸的表现形式不是简单的平铺直叙，而是托物寄语，借用那些约定俗成的观念化形象，来寄托人们对美好生活的向往，对吉祥幸福的期盼。种种质朴清新、饱含率真至美的剪纸造型，来源于原始的视觉思维方式和民间审美观念，具有感人的艺术魅力。

  在磁器口古镇，有好几家卖剪纸的剪纸坊。墙上挂着一张张大红大绿的剪纸作品，客人如有额外需要，可以说清图样让老板加工，如生意不太忙时，有的老板也可进行现场加工。剪纸这门流行于全国各地的民间艺术，越来越受到人们的喜爱。在古镇磁器口，许多大人小孩都会剪纸。这里的"年年有余""福禄寿喜""龙凤呈祥""八仙过海"等传统吉祥图案及各式脸谱剪纸深受游人喜爱。在古镇浓厚的传统文化氛围里，剪纸这种宝贵的民间艺术，正在代代传承。

10　微雕

微雕，顾名思义，是一种以微小精细见长的雕刻技法，是传统工艺美术中最为精细微小的一种工艺品，是饱含文化精华的袖珍艺术品，是雕刻技法的一门分支。微雕一般指微细的圆雕、浮雕和透雕（镂空雕）等，甚至可以在米粒大小的象牙片、竹片或数毫米的头发丝上进行雕刻，其作品要用放大镜或显微镜方能观看到镂刻的内容，故被历代称为"绝技"。微雕施工面极小，没有相当高的微观雕刻技艺、书法功底以及熟练运用微雕工具的技能是难以完成这种技法的。

微雕作品极其微小，一些细节刻画、油画肌理、人物神情、比例设置、远近关系和明暗关系等都需处理得非常准确逼真。雕刻时，要屏息静气，神思集中，一丝不苟。欣赏微雕讲究环境要安静，当你深入进去就仿佛被带进另一个幽静的微观世界里，会忘掉周围一切，这种感受是其他艺术所没有的，也只有微雕艺术才有这种独特的魅力。

中国微雕历史源远流长。远在殷商时期的甲骨文中，就出现了微型雕刻。众所周知的《核舟记》中的"核舟"就是中国历史上微雕艺术的经典之作。早期受观看和雕刻设备的限制，微观雕刻较少，随着时代进步和科技发展，以及能够用于观看更微小物体的仪器和极精细又坚韧工具的出现，微雕作品越来越小，雕刻难度也越来越大。微雕还有软派硬派之分，软派是在发丝等软材料上雕刻，硬派是在玛瑙、玉石、瓷器等硬质材料上雕刻。就难度来说，硬派雕刻难度更高。微雕的材质要求绝对精纯，容不得有半点砂格和半丝裂纹，因为半点瑕疵就可能破坏一个精致的画面。

雕刻微雕工艺品，要求有特制的工具。微雕的刀具是特殊的细刀，既要尖细，又得锋利。同时，还要求雕刻艺人具有高超的雕刻技术，有精熟的书法和国画功底，雕刻的时候才可进行"意雕"和"意刻"。雕刻时要屏息凝神，集中意念，一气呵成。运刀要稳、准、狠，微雕的刀即是笔，功力不足，就会因微失控，刀不达意。同时，应把握刀具与石材所产生的线条变化的艺术效果。只有这样，才能使书法和刀法达到完美的统一。

磁器口的微雕艺人一般用米、牙、竹、石、果核等材质细密的硬质材料，也有用头发、丝帛等软质材料的。微雕艺人凭其高超技艺，在这些材料上面或雕刻戏曲人物，或雕刻山水花草，或雕刻诗词歌赋，无不令人惊叹叫绝。

11 绣花鞋垫

绣花鞋垫是出自我国民间的一种手工艺品,距今已有3000多年的历史。这种鞋垫不仅是民间喜悦祥和之物,还具有消灾避难、祈福平安、寄托乡愁的寓意。为了让自己心爱的人无论走到哪里,都有一种温暖如家的感觉,自古以来,中国的妇女们在田间地头辛勤劳作之余,夜晚在昏暗的灯光下,不辞辛苦,不怕烦琐,不惜千针万线,为自己的亲人亲手纳制绣花鞋垫,凭借着原始的、古朴的、丰富的想象力,把对亲人的爱、对老人的祝福、对孩子未来的期望、对亲朋好友的祝愿及对一切美好生活的向往,都一针一线地纳入了一双双鞋垫之中,默默传递着一份关爱,于潜移默化中传承着中华文化精神。

作为传统手工艺制作项目,缝制一双鞋垫大概需要1周左右,约20000余针才能缝制成功。这种手绣鞋垫图案自然古朴、美观大方、吉祥喜气、不怕水洗、经久耐用,使用时如果注意保养,可以用到10年以上。鞋垫软硬合适,有止滑、透气吸汗及保暖作用。从现代医学保健角度来看,鞋垫上凸起的针脚对脚底的穴位有很好的按摩作用,还具有防臭、吸汗之功用,具有很高的实用价值;作为工艺品,它又具有很高的收藏价值,更是馈赠亲友的上品。长期使用对身体有很好的保健作用。所以,绣花鞋垫不仅实用,而且具有很好的收藏价值和观赏价值。

作为传统的纯手工工艺品,磁器口的手工绣花鞋垫要经过打布壳、涂糨糊、剪鞋样、刺绣花等工序,每双鞋垫都是由六层纯棉布浆制而成的,配以上等丝线或纯棉线。若线料为涤纶线,则耐刷耐水洗,每双鞋垫的厚度均可达4毫米。

现代十字绣鞋垫图案款式多样,绣花鞋垫所表现的范围更加广泛,内容丰富多彩,根据祝福心愿的实际情况,配以鲤鱼跃龙门、鸳鸯戏水、并蒂莲花、东海南山等各式图案,这些都可以通过灵巧的手变成鞋垫上的景致。一些针线,几块粗布,幻化出精美绝伦的图案,有的如行云流水,有的似山峦起伏,有的热情奔放,有的朴素纯真。

在鞋垫刺绣的色彩运用上,磁器口的居民偏好使用强烈、艳丽、鲜明的色彩,如大红、大绿、亮蓝等,尤其是暖色红,寓意热热闹闹、红红火火,体现了民间用色高纯度、强对比的特征。在图案设计上,简洁明确,概括精练,淳厚质朴,鲜明强烈,点、线、面有机结合,既表现了整体的效果,又寓意深刻。

绣花鞋垫不仅制作精美细致,纹样富贵吉祥,穿着舒适养生,同时手工绣花鞋垫也是儿女定情及传递友谊的高档馈赠品。在旧时的磁器口,人们通常将制作绣花鞋垫的能力作为评价年轻女性是合心灵手巧的重要标准。正如一首《月下情歌》所唱:

> 小妹月下和哥约,约哥来和小妹说。今晚月圆来相会,白天害羞不好说。月儿圆圆在天角,鲤鱼成双在大河。妹等哥把鞋垫送,见到哥哥心才落……

但是随着现代文明发展的步伐加快,现代工业大部分取代了传统的手工操作,而今这一独具个性的手工艺术制造业,正在被现代文明的潮流所淹没。在磁器口下河码头的一家手工店,目前还销售手工绣花鞋垫,并且有师傅专门教授绣花鞋垫的制作方法和工艺,让这门古老的民间工艺得以传承。

12　面塑

面塑，俗称"捏面人"，是民间传统艺术瑰宝。根据实际创作需求，用面粉和米粉按不同比例混合调匀后，加水搅拌揉搓而成面泥。面泥的软硬可通过含水量和成分比例调整来实现。需要不同颜色时，再加水性颜料或色素，调成不同的色彩。捏面艺人根据所需随手取材，在手中几经捏、搓、揉、掀，用小竹刀灵巧地点、切、刻、划，塑成身、手、头面等，披上发饰和衣裳，顷刻之间，栩栩如生的艺术形象便脱手而成。在旧社会，磁器口的面塑艺人，挑担提盒，走乡串镇，深受群众喜爱，但他们的作品却被视为一种小玩意儿，不能登上大雅之堂。如今，面塑艺术作为珍贵的非物质文化遗产受到重视，小玩意儿也走入了艺术殿堂。

磁器口古镇面塑的历史悠久，面塑题材范围十分广泛，神仙鬼怪、历史人物、花鸟虫鱼样样皆可。面塑的材料非常简单，将面泥揉成手掌般大小后以沸水煮至浮起，待其冷却后加入食盐等辅料，反复揉搓均匀后即可进行面人制作。面塑作品一般都小巧玲珑，贵在传神、生动和有趣，常运用夸张、变形等手法来表现作品的显著特征。

磁器口面塑虽然上手快，但要做到形神兼备却并非易事。经过面

面塑1（游江摄）

面塑2（图由磁器口古镇管委会提供）

塑艺人长期摸索，现在的面塑作品已能做到不霉、不裂、不变形、不褪色，因此深受旅游者喜爱，是馈赠亲友的纪念佳品。外国旅游者在参观面人制作时，都为艺人娴熟的技艺，为其作品千姿百态、栩栩如生的人物形象所倾倒。

13　渝绣

刺绣是中国优秀的民族传统工艺之一，在中国已有3000多年的历史。中国刺绣十分讲究针法、材料及图案，并且各地刺绣在长期的发展中，形成了不同的地域特色。最著名的有"蜀绣""苏绣""湘绣""粤绣"，这四种刺绣号称中国"四大名绣"。渝绣是中国四大名绣中蜀绣的两大区域品种之一，是蜀绣的重要组成部分。宋代的《全蜀艺文志》中，曾有八字评语："织文锦绣，穷工极巧。"表达出世人的无限惊叹赞美之情。北宋时期绣品《双冠图片》是保存至今最早的渝绣作品，足以证明渝绣的悠久历史。在经历了长期演变和不断创新后，现代人进一步总结其艺术风格为"严谨细腻的针法，淡雅清秀的色彩，优美流畅的线条，中国水墨画的格调"。渝绣因针线细密、针脚平齐、片线光亮、变化丰富、立体感强，具有浓厚的地方特色而受到世界各国人

渝绣（游江摄）

三　渐行渐远的民间艺术 | 113

渝绣作品（游江摄）

民的喜爱。以前，生产制作的绣品常被达官贵人买去作为礼品、装饰，有的甚至还被作为国礼赠送给外宾。

磁器口绣坊很多，且许多绣坊常年招生，有许多喜爱渝绣艺术的人来此观摩学习。这里的渝绣工艺品，物美价廉，物超所值，可作家居装饰，赏玩清心，也可馈赠亲友，聊叙衷情，使其在了解渝绣艺术的同时，感受到巴渝文化的精彩。

图书在版编目(CIP)数据

巴风渝韵：磁器口古镇习俗/刘亮著. — 郑州：中州古籍出版社，2018.7
ISBN 978-7-5348-7587-8

Ⅰ.①巴… Ⅱ.①刘… Ⅲ.①风俗习惯史-介绍-重庆 Ⅳ.①K892.471.9

中国版本图书馆 CIP 数据核字(2018)第 015650 号

华夏文库·民俗书系
巴风渝韵：磁器口古镇习俗

总 策 划	耿相新　郭孟良
项目统筹	单占生　萧　红(执行)
责任编辑	李晓文
责任校对	翟　楠
封面设计	王　歌
责任印制	刘新毅

出　版	中州古籍出版社
	地址：郑州市经五路 66 号
	邮编：450002
	电话：0371-65788808
经　销	新华书店
印　刷	河南新华印刷集团有限公司
版　次	2018 年 7 月第 1 版
印　次	2018 年 7 月第 1 次印刷
开　本	960 毫米×640 毫米　1/16
印　张	8.25 印张
字　数	110 千字
印　数	1—3000 册
定　价	21.00 元

本书如有印装质量问题，由承印厂负责调换。